OBERBAYERN

aktiv sein und schlemmen  BAND 2

für Flexitarier

Katrin Susanne Baur und Michael Reimer

frischluft | EDITION

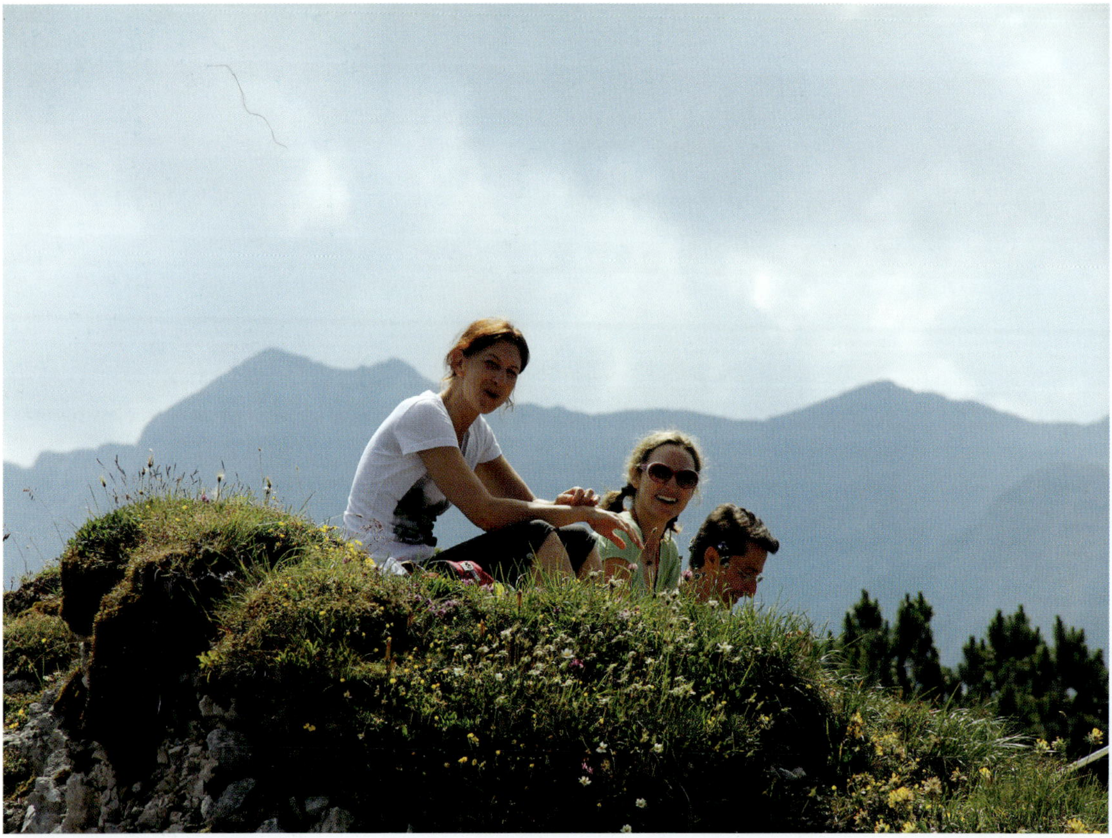

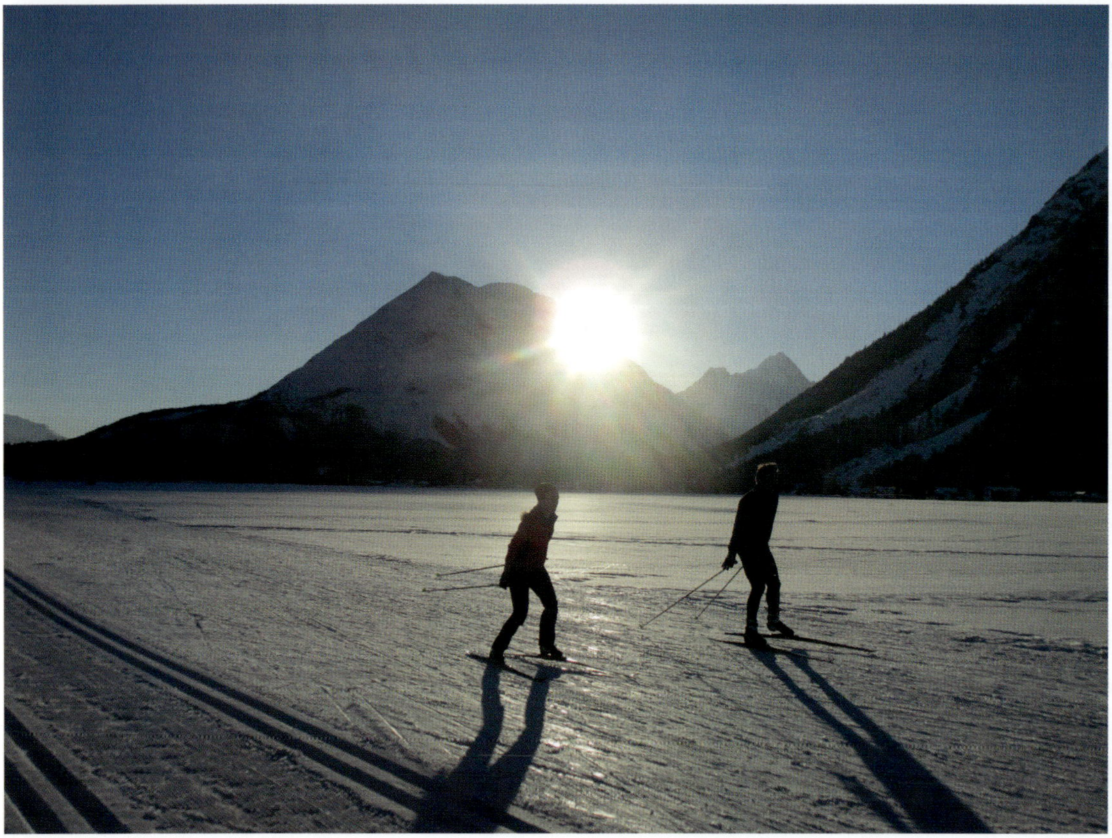

Selbst die meisten Gastronomen rätseln beim Lesen unseres Buchtitels: Wer oder was bitte ist denn ein Flexitarier?!? Dieser Begriff ist nämlich in der deutschen (Gastronomie-)Sprache noch nicht so richtig angekommen. Aber durch den wachsenden Trend, dass sich immer mehr Menschen immer gesünder ernähren wollen, ist er quasi auf dem Sprung, es dorthin zu schaffen. Deshalb liefern wir die Antwort auf diese vakante Frage gleich mit: Der Flexitarier ist ein Teilzeit-Vegetarier, der hin und wieder Fleisch isst, wenn er weiß, woher es kommt. Oder um den AID (Infodienst für Ernährung, Landwirtschaft und Verbraucherschutz) zu zitieren, „ein sehr maßvoller, auf Tierschutz bedachter und sehr qualitätsbewusster Fleischesser." Also ein Verfechter der bewussten Ernährung und der artgerechten Tierhaltung ...

Da wir mittlerweile drei Bände von „aktiv sein und schlemmen" vertreiben, war es an der Zeit, unseren zweiten Band so gründlich zu aktualisieren, dass er sich vom Konzept klar von den beiden anderen Ausgaben unterscheidet. Während wir bei der Auswahl der Einkehr bis dato „nur" auf Frische, Qualität, Wohlfühl-Atmosphäre und ein ausgewogenes Preis-Leistungsverhältnis geachtet haben, legen wir in diesem Band eben jene strengeren Maßstäbe an, die der Flexitarier von einer modernen und gesunden Küche erwartet. Aus diesem Grund haben von den in der Vorausgabe 44 vorgestellten Gastronomen nur 14 den Sprung in diese Neuauflage geschafft. Acht Adressen sind inzwischen in Band 1 oder Band 3 umgesiedelt; auch in diesen Bänden erfüllen übrigens einige Lokale unsere Flexitarier-Kriterien (siehe Liste S. 156/157).

Fünf der 14 übernommenen Adressen sind bewährte Cafés, von denen wir insgesamt neun vorstellen. 18 Gastronomen greifen teilweise oder ganz auf Bio-Produkte zurück und verhalten sich beim Wareneinkauf somit ohnehin vorbildlich. Doch auch nicht bio-zertifizierte Betriebe können gesunde Speisen produzieren, wenn zum Beispiel essentielle Grundregeln wie die artgerechte Tierhaltung eingehalten werden. Auch bei den vegetarischen Gerichten erwarten wir, dass zum Beispiel Salate und Gemüse nach Möglichkeit vom einheimischen Bauern stammen und dass sie ohne die Verwendung von Zusatzstoffen und Geschmacksverstärkern zubereitet werden. Viele Gastronomen schaffen durch die Mitgliedschaft bei anerkannten Regional-und-saisonal-Erzeuger-Organisationen wie „Alpen-Kulinarik" oder „Slow Food" Transparenz, Authentizität und somit Vertrauen.

Zu unserem Konzept gehört jedoch nicht nur das gute und gesunde Essen, sondern auch die Bewegung an der frischen Luft. Aus diesem Grund stellen wir auch in diesem Freizeitführer wieder abwechslungsreiche Rad- und Wandertouren vor, die von zwei Ausnahmen abgesehen unmittelbar in die anvisierte Einkehr münden. Bei den meisten Touren ist das Streckenprofil so ausgelegt, dass sie vom durchschnittlich konditionierten Freizeitsportler bequem zu meistern sind.

In diesem Sinne wünschen wir erholsame (Schlemmer-)Tage

Katrin Susanne Baur und Michael Reimer

Wohlverdiente Gipfelrast auf dem Kompar, Ski-Langläufer im Leutaschtal

Münchner Umland

Nr.	Name	Ort	Wanderung	Radtour	Bademöglichkeit	Ski-Langlauf	Ideal mit Kindern	ÖVM	Seite
1	Kunstcafé und mehr	Wilfing		●	●			●	12
2	Marktcafé Isen	Isen		●	●			●	16
3	Glonner Backkultur	Glonn		●				●	19
10	Alter Wirt	Grünwald	●		●		●		46
11	Bareso	Ottobrunn		●	●			●	50
12	Herrmannsdorfer Landwerkstätten	Glonn	●				●		54
13	Wirtshaus Tading	Tading		●			●	●	57
40	Restaurant & Wirtshaus Hörger	Hohenbercha		●			●	●	152

Mangfalltal | Inntal

Nr.	Name	Ort	Wanderung	Radtour	Bademöglichkeit	Ski-Langlauf	Ideal mit Kindern	ÖVM	Seite
4	Dinzler Kaffeerösterei	Irschenberg	●				●		22
14	Wunderlampe im Fischerstüberl	Attel	●					●	60
21	Auers Schlosswirtschaft	Neubeuern		●				●	83
22	Lindners Restaurants	Bad Aibling	●	●				●	86
23	Gasthof Pfeiffenthaler	Bad Feilnbach		●	●		●	●	90

Chiemgau

Nr.	Name	Ort	Wanderung	Radtour	Bademöglichkeit	Ski-Langlauf	Ideal mit Kindern	ÖVM	Seite
15	Gasthof Gruber-Alm	Roitham	●		●		●		63
16	Ess.Schmiede	Aschau im Chiemgau	●					●	66
17	Gasthof Messerschmied	Rottau	●	●				●	70
18	Der Steinweidenhof	Schleching	●			●			74
19	Forsthaus Adlgaß	Inzell	●				●		77

Tegernsee | Schliersee

Nr.	Name	Ort	Wanderung	Radtour	Bademöglichkeit	Ski-Langlauf	Ideal mit Kindern	ÖVM	Seite
6	Bergcafé Siglhof	Bayrischzell	●				●	●	29
7	Café Mesner	Schliersee		●	●			●	32
25	Restaurant Lois	Rottach-Egern	●		●			●	98
26	Brotzeitstüberl Naturkäserei	Kreuth	●					●	102

Tölzer Land

Nr.	Name	Ort	Wanderung	Radtour	Bademöglichkeit	Ski-Langlauf	Ideal mit Kindern	ÖVM	Seite
9	Landhaus Café Restaurant & Hotel	Wolfratshausen	●				●	●	40
27	Landgasthof Einbachmühle	Wackersberg / Bad Tölz		●				●	106
28	Gasthof Zantl	Bad Tölz	●	●			●	●	110
29	Kloster Bräustüberl	Benediktbeuern	●					●	112
30	Fröhlichs Wirtshaus	Großweil		●	●		●	●	117

■ Cafés ■ Gasthäuser & Lokale ÖVM = Öffentliche Verkehrsmittel

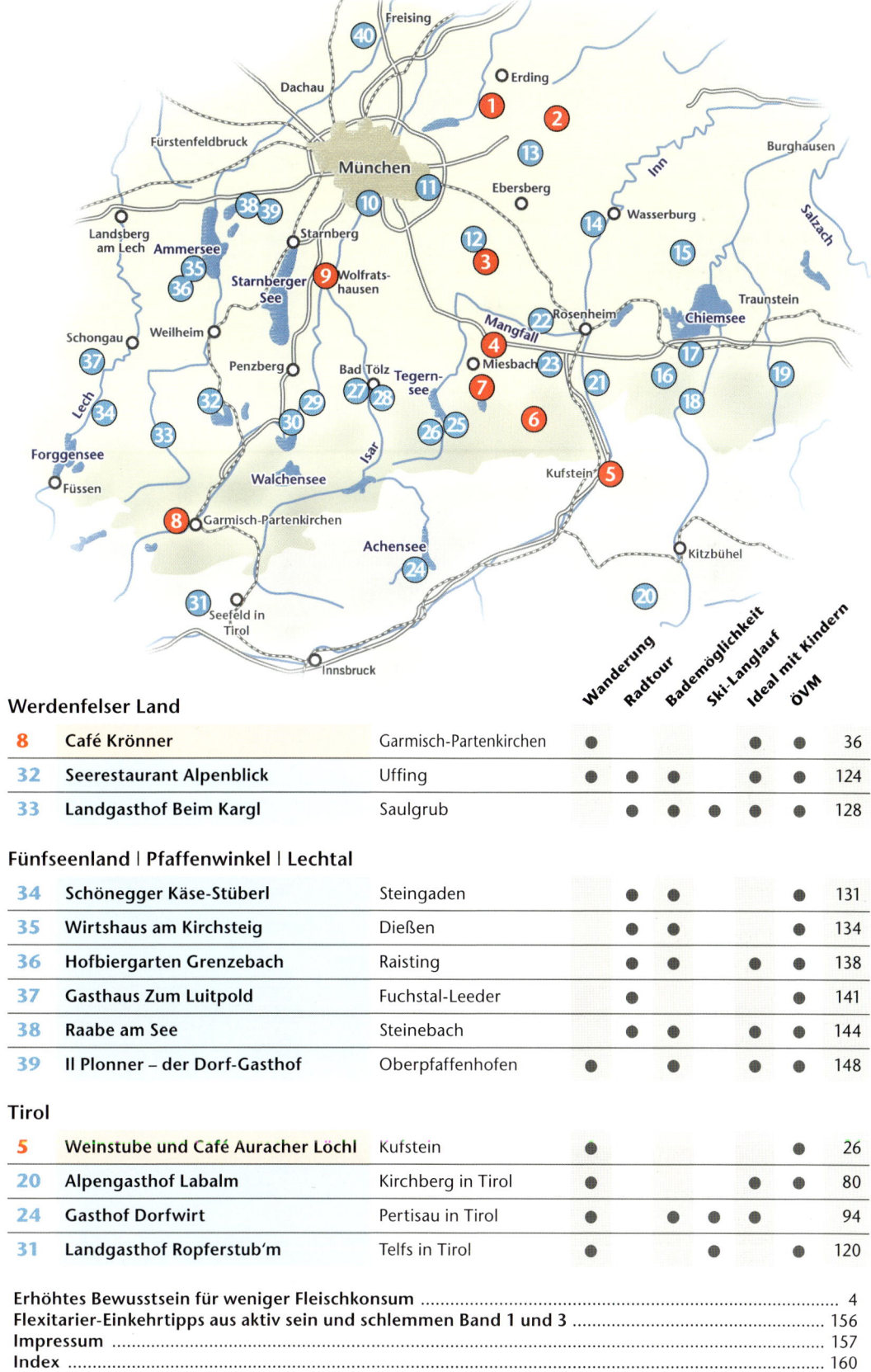

Werdenfelser Land

			Wanderung	Radtour	Bademöglichkeit	Ski-Langlauf	Ideal mit Kindern	ÖVM
8	**Café Krönner**	Garmisch-Partenkirchen	●			●	●	36
32	**Seerestaurant Alpenblick**	Uffing	●	●	●		●	●	124
33	**Landgasthof Beim Kargl**	Saulgrub		●	●	●	●	●	128

Fünfseenland | Pfaffenwinkel | Lechtal

			Wanderung	Radtour	Bademöglichkeit	Ski-Langlauf	Ideal mit Kindern	ÖVM
34	**Schönegger Käse-Stüberl**	Steingaden		●	●			●	131
35	**Wirtshaus am Kirchsteig**	Dießen		●	●			●	134
36	**Hofbiergarten Grenzebach**	Raisting		●	●		●	●	138
37	**Gasthaus Zum Luitpold**	Fuchstal-Leeder		●				●	141
38	**Raabe am See**	Steinebach		●	●		●	●	144
39	**Il Plonner – der Dorf-Gasthof**	Oberpfaffenhofen	●	●			●	●	148

Tirol

			Wanderung	Radtour	Bademöglichkeit	Ski-Langlauf	Ideal mit Kindern	ÖVM
5	**Weinstube und Café Auracher Löchl**	Kufstein	●				●	26
20	**Alpengasthof Labalm**	Kirchberg in Tirol	●			●	●	80
24	**Gasthof Dorfwirt**	Pertisau in Tirol	●		●	●	●	94
31	**Landgasthof Ropferstub'm**	Telfs in Tirol	●			●		●	120

Deus.
weiß.blaue
Rübchen
1kg   2,90€

Erhöhtes Bewusstsein für weniger Fleischkonsum

Das vegetarische Restaurant ist dem oberbayerischen Gastronom in etwa so suspekt wie Braunbär Bruno dem Jäger im Leitzachtal. Noch. Denn langsam setzt, ob bedingt durch Lebensmittelskandale, Horrornachrichten aus der Massentierhaltung oder auch eigene Recherchen ein Bewusstseinswandel beim Konsumenten ein. Laut einer Forsa-Studie sollen bereits 42 Millionen Deutsche zu den Flexitariern zählen, Tendenz steigend. Eine Vielzahl isst zwar immer noch regelmäßig Fleisch, es soll aber bitte von glücklichen Tieren aus artgerechter Haltung stammen. „Massentierhaltung finde ich schrecklich. Und ich will gar nicht an die Antibiotika denken, die regelmäßig in herkömmlich erzeugtem Fleisch gefunden werden", lautet das oft verwendete Argument des Flexitariers. 371.000 Deutsche haben übrigens den Dokumentarfilm „We feed the World" von Erwin Wagenhofer gesehen, der die Missstände der Massenproduktion und Industrialisierung von Nahrungsmitteln auf sachlich-brutale Weise vor Augen führt. Auch Umweltaspekte spielen in dem Film eine wichtige Rolle. Wer auf Fleisch verzichtet und sich ausschließlich von pflanzlichen Lebensmitteln ernährt, trägt seinen Teil zum „Umweltschutz auf dem Teller" bei.

Kriterien für den Flexitarier-Gastronom

In zahlreichen Landgasthöfen haben es Vegetarier sehr schwer, da die Gastronomen in der Regel kein Gespür für vegetarische Gerichte entwickeln. Gut, die berühmten Kässpatzen und den einen oder anderen Salat führen die meisten auf ihrer Speisekarte, doch wenn man sich davon sattgegessen hat? Manchmal verirren sich auch Speckknödel oder Schinkennudeln in das „vegetarische Angebot". Doch wir erwarten diesbezüglich von einem innovativ denkenden Gastronom eine größere Vielfalt! Ein wesentliches Kriterium für die Aufnahme in dieses Buch war für uns deshalb das Angebot an phantasievoll zubereiteten vegetarischen Speisen. Von Grünkernpflanzerl über Gemüselasagne und Polentaschnitte bis hin zum Paprikapfannkuchen sind der Kreativität der Köche ja keine Grenzen gesetzt. Ein weiteres wichtiges Kriterium war die saisonal-frische Verarbeitung der Produkte, weshalb die unter „Schmankerltipps" auftauchenden Beispiele von der Speisekarte oft im Wochen- oder Monatsturnus durch ein neues, aber ähnlich gutes Gericht ersetzt werden. Bitte also nicht enttäuscht sein, wenn genau das aufgeführte Gericht nicht vorrätig sein sollte.

Jeder Gastronom hatte die Gelegenheit, seine (regionalen) Lieferanten zu benennen – sofern er das via Internet oder Speisekarte vor Ort nicht ohnehin schon tut. Bayernweit gibt es bereits rund 3500 landwirtschaftliche Direktvermarkter, die ihre Ware zum Beispiel auch auf den Wochenmärkten feilbieten. Die Auswahl an regionaler Vermarktung ist also groß, und wer das Fleisch vom dubiosen Großhändler oder den Rote-Liste-Fisch aus fernen Ozeanen bezieht, ist hier fehl am Platz. Beim Bio-Gütesiegel gibt es unterschiedliche Richtlinien: Wer wirklich auf

Frisches Bauerngemüse, wohl sortiert auf dem Miesbacher Markt

Auch die Ziegen freuen sich, wie hier auf dem Grenzebacher Hofbiergarten, über Auslauf und Zuwendung.

Qualität pocht, achtet auf die Biozeichen von Demeter- oder Neuland, da die herkömmlichen EU-Verordnungen teilweise sehr lax sind.

Bei Milchprodukten ist es wichtig, dass die Milch von glücklichen Kühen stammt. „Die beste Milch liefert eine Kuh, die sich wohlfühlt", lautet die Devise. Bio-Kühe müssen zum Beispiel mindestens 60 Prozent ihrer Nahrung aus Grünfutter, Heu und Silage aus dem Öko-Landbau beziehen. Unabdingbar sind auch der freie Auslauf und der Verzicht, den Tieren unter Qualen die Hörner abzusägen oder wegzubrennen. Der Fingernagel-Vergleich ist abartig, da sich in den Hörnern mit Nerven durchzogene und somit schmerzempfindliche Gewebe befinden. Wer seinen Kühen ausreichend Platz gewährt, muss nicht fürchten, dass sie sich gegenseitig verletzen können.

Auf Fleischgerichte wird in diesem Buch nur dann explizit verwiesen, wenn das Produkt aus artgerechter Tierhaltung stammt und der kurze Lieferweg gewährleistet ist. Am höchsten ist die Erfolgsquote beim Wild, da fast jeder Gastronom von einem heimischen Jäger beliefert wird. Nur selten kommt es vor, dass der einheimische Jäger aufgrund der hohen Jahres-Jagdlizenz in entfernten Regionen „fremdgeht" und für den Transport somit lange Wege in Kauf nimmt. Auch bei Bio-Fleisch muss der Lieferant, also meist der benachbarte Metzger, dafür einstehen, dass es aus artgerechter Tierhaltung kommt. Garantiert ohne Gentechnik und mit ausreichend freiem Auslauf wachsen beispielsweise die Schwäbisch-Hällischen Landschweine auf. Auch bei Herrmannsdorfer ist die Tierhaltung vorbildlich.

Pescetarier, die auf Fleisch verzichten, einen frischen Fisch oder Meeresfrüchte hingegen nicht verschmähen, kommen in diesem Buch voll auf ihre Kosten. Denn so gut wie jeder Gastronom in diesem Buch unterhält einen direkten Kontakt zu einem einheimischen Fischer, der Forellen, Zander und andere Speisefische aus einem der oberbayerischen Seen und Flüsse holt.

5 Gründe, weniger Fleisch zu essen

(Quelle: Greenpeace Nachrichten, Ausgabe 02/2013)

1. Das Klima: Nutztierhaltung verursacht 18 Prozent aller CO^2-Emmissionen. Werden für Weiden Wälder abgeholzt und Flächen umgewandelt, wird Kohlendioxid frei, bei der Stickstoffdüngung von Futterpflanzen das klimaschädliche Lachgas. Und: Rinder stoßen das Treibhausgas Methan aus.

2. Die Welternährung: Die Haltung von Nutztieren und der Anbau ihres Futters beansprucht 80 Prozent aller Weide- und Ackerflächen weltweit. Dabei wäre es sinnvoller, sie für den Getreideanbau zu nutzen und damit den Welthunger zu bekämpfen. Fleisch können sich die Armen nicht leisten.

3. Die Artenvielfalt: In der industrialisierten Landwirtschaft kommen nur wenige, hochproduktive Zuchtrassen zum Einsatz. Ein Fünftel aller Nutztiere ist vom Aussterben bedroht. Futtermittelmonokulturen mit hohem Pestizideinsatz tragen ebenfalls zur Artenvernichtung bei.

4. Boden- und Wasserschutz: Der konventionelle Anbau laugt die Äcker aus. Trotzdem sollen die Erträge steigen – mit mehr Dünger (Mist, Gülle, Stickstoff und Phosphor). Das vergrößert das Problem. Ammoniak gelangt in die Luft, Nitrat ins Grundwasser und Phosphor in die Flüsse.

5. Ihre Gesundheit: Die internationale Krebsforschungsorganisation empfiehlt maximal 25 Kilogramm Fleisch im Jahr. Ein Deutscher isst im Schnitt 61 Kilogramm. In Kombination mit zu wenig Bewegung können Übergewicht, Herz-Kreislauf-Erkrankungen und Krebs die Folge sein.

Glückliche Sau auf dem winterlichen Taubenberg

Cafés

Aktivität: Radtour I Gastronomie: Kuchen und natürliche Küche mit frischen Zutaten

Unterwegs in der eilfreien Zone

Radtour nördlich von Poing

„Lieber Gast, lass dich begrüßen und dir den Nachmittag versüßen. Der Kaffee aus frischer Bohne wird serviert in eilfreier Zone." In der Tat stellt der Aufenthalt in der gemütlichen Gartenlaube des Wilfinger Kunstcafés und mehr eine Oase des Friedens und der Entschleunigung dar, die man so nur an wenigen Orten vorfindet. Zu Entspannung und Genuss tragen auch die flach verlaufende Rad-Rundtour, ein etwaiger Besuch im Wildpark Poing sowie ein sommerliches Bad in den Weihern bei Wilfing und Lüß bei.

Der Speichersee wird auf dem Dammweg überquert.

Wildpark Poing und eine Badeoption

Am Bahnhofsplatz in Poing halten wir uns auf der Alten Gruber Straße ostwärts, tragen das Rad die kurze Treppe zur Plieninger Straße hinab und folgen nach Querung der Bahntrasse links den

Schildern zum Wildpark Poing. Der wildreichste Park Deutschlands beheimatet unter anderem einen Vogelpark, einen Ponyhof und einen großen Abenteuerspielplatz. Außerdem streifen Dammhirsche, Rehe und Wölfe durch ihre Gehege, während sich die gefräßigen Ziegen gerne füttern lassen. Vormittags und nachmittags gibt es jeweils eine Greifvogelschau (Eintritt 6,50 €, Kinder 4 €, www.wildpark-poing.de).

Der beschilderte Radweg führt an der Bahntrasse entlang nach Markt Schwaben. In der Stadt überqueren wir die Herzog-Ludwig-Straße, gelangen auf der Bahnhofstraße zum Bahnhof, biegen links in den Schweigerweg, rechts in die Heilmaierstraße (Henningbach-Überquerung) und links in den Hauser Weg. An der befahrenen Erdinger Straße halten wir uns kurz links, um rechts abbiegend auf dem Sägmühlenweg wieder in ruhigere Gefilde zu gelangen. Nach dem Rehgehege geht es rechts (geradeaus Sackgasse) in den Wald, nach 350 Metern an der T-Kreuzung rechts und nach 300 Metern links nach Herdweg, das wir auf dem Römerweg nordwärts verlassen.

Nach Überqueren der Bahnlinie zweigen wir nach rechts ab und steuern im Bogen auf Unterschwillach zu. Vor der Bahnunterführung biegen wir links in den Kiesweg und überqueren an der

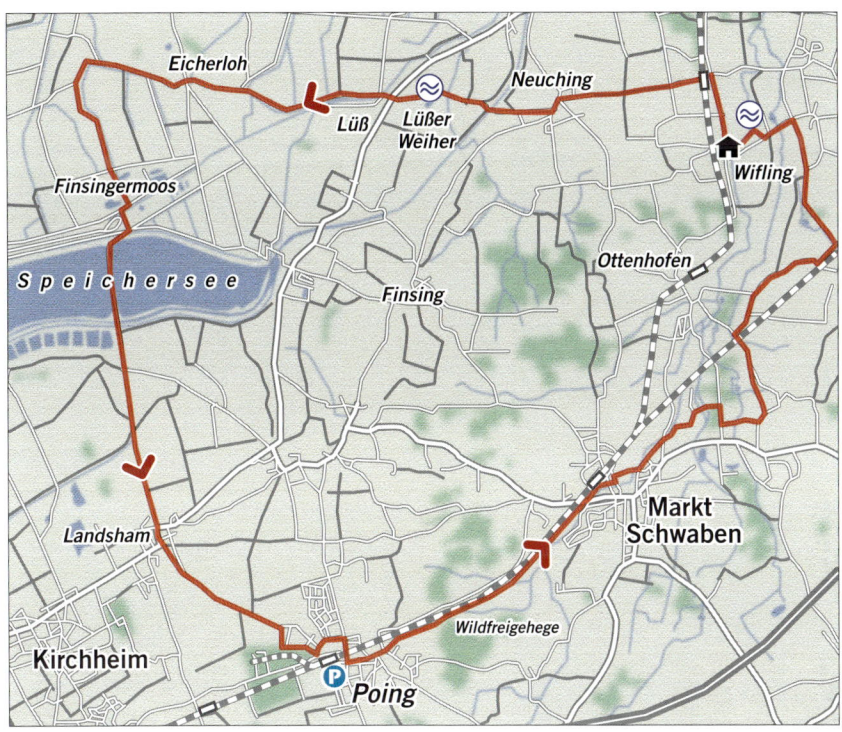

Aktivität	Radtour
Fahrzeit	3 Std.
Höhenmeter	120
Strecke	38 km

Route Poing → Markt Schwaben → Wilfing →
Speichersee → Poing

Anfahrt

ÖVM Mit der S 2 nach Poing

Auto A94 Richtung Passau, Ausfahrt Parsdorf,
Gruber Straße nach Norden, an der Kreuzung rechts
nach Poing, Parkmöglichkeiten am Bahnhof

Navigation N 48.17201°, E 11.809573°

Charakter Überwiegend flache Rundtour wechselweise auf wenig befahrenen Nebenstraßen und
Schotterwegen

Wegweiser Die wichtigsten Etappenziele sind meist
ausreichend beschildert.

Karte ADFC Regionalkarte München / Mittlere Isar,
1:75.000 (Route 15 überwiegend identisch)

Rehgehege nördlich von Markt Schwaben

Keckmühle den Schwillach-Bach. Nun geht es
knapp zwei Kilometer nordwärts bis zum Abzweig
nach Wilfing. Wir steuern entweder direkt in den
Ort oder auf Umwegen über den etwas nördlich
gelegenen Badeweiher (Kiesweg-Verbindung an
der Sempt). Kurz vor dem nördlichen Ortsausgang zweigt links die Harlachener Straße zum
Kunstcafé und mehr ab.

Wohlfühl-Café mit Glücksschmiede

Bei schönem Wetter wird man, die Innenräume von Café und angrenzender Glücksschmiede erst einmal ignorierend, direkt dem Garten zustreben. Vom Sonnentisch auf dem gepflegten Rasen über die Schattenlaube unter eingewachsenen Bäumen bis hin zur individuellen Nische an Brombeerhecke, Rosen Phlox und Lavendel kann sich jeder seinen bevorzugten Platz aussuchen. Der Abstand zu etwaigen Nachbarn ist so diskret, dass man hier ohne Bedenken ungestört auch intime Gespräche führen kann. Man fühlt sich zwischen den frei herumlaufenden Hühnern auf Anhieb wohl wie im eigenen Garten.

Nach Kaffee und Kuchen kann man sich im Kunstcafé mit orginellen Kunsthandwerk eindecken.

Die Gastgeber Magdalena und Rudi Reupold wechseln sich in Küche und Service ab. Die Auswahl an Kuchen und kleinen Gerichten ist zwar nicht groß, dafür wird alles frisch zubereitet. Ohnehin ist die natürliche Küche neben der Malerei, dem Kunsthandwerk und der Spiritualität nur ein Aspekt des Kunstcafés. Bei entsprechender Stimmung kann es schon einmal vorkommen, dass sich Magdalena zu einem setzt und natürlich nach höflicher Rücksprache selbst verfasste Kurzgeschichten mit übersinnlichem Hintergrund vorliest. Da sich die gebürtige Erdingerin bereits seit ihrer Kindheit mit der Gefühlswelt ihrer Umwelt befasst, hat sie im Lauf der Jahre ein gewisses Gespür für das Innenleben ihrer Mitmenschen entwickelt. Konsequenterweise ist daraus eine Heilwerkstatt entstanden, in der sie ihre Kunden mit der Absicht, etwas verändern zu wollen, betreut. Im April 2013 ist ihr erstes Buch „Glaub' doch was du willst … – Spirituelles Heilen durch Bewusstwerden" erschienen.

Rückweg über den Speichersee

Nach der Einkehr geht es einen Kilometer an der Bahnlinie entlang nordwärts (Ww. „Wohlfühlroute Großsender Straße"), bevor links der Anstieg nach St. Koloman und die Querung nach Neuching erfolgen. Im Ort halten wir uns wenige Meter links, um rechts auf der Eicherloher Straße stets geradeaus über Lüß (abermals ein Badeweiher) und auf der Moorkulturstraße nach Eicherloh zu radeln. Wir durchfahren den Ort auf der Großsenderstraße und biegen nach gut einem Kilometer links in den Birkhahnweg. In einer Rechts-Links-Rechts-Kombination gelangen wir zum ein Kilometer breiten und sieben Kilometer langen Speichersee, der als Mausergebiet für diverse Entenarten bekannt ist. Die Reststrecke über den Dammweg nach Poing ist beschildert: Im Ort gelangen wir auf der Bergfeldstraße (an T-Kreuzung rechts), Kirchheimer Allee (links), Gruber Straße (links) und Marktstraße (Ampelkreuzung rechts) zum Bahnhof zurück.

Individuelle Sitznische im blumenreichen Garten

Kunstcafé und mehr 🏠

Inhaber und Küchenchefs Magdalena und Rudi Reupold

Adresse Harlachener Str. 1, 85457 Wilfing

Telefon 08121-6307

E-Mail info@zur-gluecksschmiede.de

Web www.kunstcafe-und-mehr.de

geöffnet Mai bis Oktober So. 13–18 Uhr

Einkauf Regional je nach saisonalem Angebot; Metzgerei Holzer, Wilfing

Vegetarische Schmankerltipps Käsesahne mit verschiedenen Früchten (2,20 €), Kürbissuppe (3,50 €), Tomaten mit Mozzarella (4,80 €), asiatische Nudeln mit Gemüse (7,50 €)

Radtour oder Ski-Langlauf | Gastronomie: virtuose Backkunst

Mandelcremetorte gegen Muskelkater

Radtour zwischen Dorfen und Markt Schwaben

„Ich habe einen furchtbaren Stresstag hinter mir. Bin total gefrustet, verspannt und aggressiv", lamentiert die Kundin. Antwortet die Konditormeisterin: „Dagegen hilft auf jeden Fall unsere hausgemachte Kirschmokkasahnemandelsplittertorte. Am besten Sie essen davon gleich zwei Stück hintereinander". Dieser Dialog ist auf einem Cartoon im Marktcafé von Isen zu lesen. Wenn wir der werten Kundin einen Rat geben dürfen: Gegen Stress hilft zwar auch Bewegung an frischer Luft, doch gegen zwei Stück Torte im Marktcafé ist bei der gebotenen Qualität nicht im Geringsten etwas einzuwenden.

Blumenwiesen und Felder bei Spierkersberg

Von Dorfen nach Isen

Es gibt zwar nur ein wirklich gutes Café im 5000-Seelen-Ort Markt Isen, dafür aber viel Spielraum für die sportliche Betätigung. Während sich im Winter die Langläufer auf der rund drei Kilometer entfernten Loipe treffen, toben sich im Sommer die Radfahrer im hügeligen Umland aus.

Bei der Radtour von Dorfen nach Markt Schwaben genießt man mehrmals schöne Ausblicke über das Alpenvorland hinaus in Richtung Berge. Vom Dorfener Bahnhof geht es auf der Bahnhofstraße und nach Überqueren der Haager Straße am Bahngleis entlang. Am kleinen Bahnübergang beginnt der teils steile Anstieg zum sogenannten Eck. Der Kiesweg mündet in eine Teerstraße, die über die Weiler Hain und Spierkersberg zu einer Weggabelung im Wald führt: Hier biegt man rechts in den Forstweg und erreicht über das Schindlholz die Landstraße, die rechts in das Bachtal der Lappach hinabführt.

Im Taleinschnitt geht es südwärts über Angerl und Kirchstätt – auf gleicher Route übrigens, wo im Winter die Loipe gespurt wird – in den Wald. Hier biegt man rechts in den Forstweg und steuert geradeaus nach Isen. Vom Ortsrand führt die Ziegelstätterstraße rechts hinauf zum Marktcafé Isen.

Virtuose Backkunst im Marktcafé

Wenn wir die Caféterrasse am Wochenende gegen drei Uhr nachmittags erreichen, ist Silvia Hoehn bereits rund 13 Stunden lang auf den Beinen. Denn die Konditormeisterin ist nicht nur eine Virtuosin der Backkunst, sondern sie arbeitet im Extremfall auch 15 Stunden am Stück. Was sie an Torten, Tartes und Schnitten kreiert, kann sich wahrlich sehen lassen. Bei der Hausspezialität, der Markt-Café-Schnitte, mischt sie feine Buttercreme mit Mokka, Nuss und Schokolade und tränkt die Masse abschließend in Kaffee. Sehr gefragt ist auch die Schokoladen-Trüffel-Torte mit einer feinen Pralinenfüllung und groben Schokosplittern zur optischen Krönung oben drauf. Nicht minder kreativ sind ihre Festtagstorten, wovon sich der Besucher im Fotoalbum überzeugen kann. Zu Taufen, Hochzeiten und Kindergeburtstagen hat sie für Anregungen stets ein offenes Ohr.

Nach ihrer Arbeit im Garmischer Café Krönner (siehe S. 36) als Postenchefin wollte Silvia Hoehn ihre Backkunst eigentlich auf einem Kreuzfahrtschiff verfeinern. Einer überraschenden Absage zufolge machte sie schließlich auf Sylt ihren Meister und wechselte dann in das Le Stübli am Pariser Arc de Triomphe. Schön für sie, dass sie 1997 zum zweiten Mal den Weg nach Sylt fand: Dort lernte sie in einer Patisserie ihren

Aktivität	Radtour
Fahrzeit	3 Std.
Höhenmeter	400
Strecke	37 km

Route Dorfen → Isen → Tading → Pastetten → Ottenhofen → Markt Schwaben

Anfahrt

ÖVM Mit der Deutschen Bahn stündlich von München nach Dorfen (Richtung Mühldorf)

Auto A94 Richtung Passau, ab Hohenlinden auf der Landstraße über Isen nach Dorfen; alternativ über Erding und Landersdorf

Navigation N 48.267398°, E 12.159612°

Charakter Zwischen Isen und Dorfen radelt man aussichtsreich über einen Höhenrücken und malerisch durch ein kleines Bachtal; in diesem Abschnitt mehrere kleinere Anstiege. Richtung Markt Schwaben flacht das Alpenvorland zunehmend ab.

Karte Kompass-Wk 183 Freising Erding Markt Schwaben

Langlauf-Tipp am Schustergraben

Bei guter Schneelage empfiehlt es sich, östlich von Isen eine etwa acht Kilometer lange Loipenrunde zu drehen. Ausgangsort ist der Parkplatz am Schustergraben in Richtung Dorfen. Am Loipen-Einstieg nutzen vor allem Kinder den kleinen Hügel zur Schlittengaudi. Die Langläufer entfernen sich rasch von diesem Trubel in Richtung Süden. Gleichmäßig gleiten sie durch den sich verengenden Talboden dahin, bevor sich das Gelände hinter Kirchstätt abrupt öffnet. Hier führt die Route über weitläufige Wiesen um den Weiler Willmating herum. Im Süden begrenzt der Thonbachgraben das Areal, im weiteren Verlauf der Wald. Schön die Abfahrt zum Abschluss der Runde, bevor es durch das Bachtal wieder zurück zum Ausgangsort geht.

heutigen Mann Kai-Uwe kennen, der nach der Maueröffnung von Thüringen in das Münsterland übergesiedelt war und seitdem als gelernter Restaurantfachmann im Service arbeitet. Nach einem Zwischenstopp im Ruhrgebiet zog das Paar dann 2003 mit den drei Kindern Maria, Jan und Moritz nach Isen, eröffnete das Marktcafé und ist nicht erst seit dem zehnjährigen Jubiläum kaum mehr aus dem Ort wegzudenken.

Schlussabschnitt nach Markt Schwaben

Es fällt schwer, sich von der Wohlfühlatmosphäre des Marktcafés zu lösen. Manchmal – wie in unserem Fall – drängen aufziehende Gewitter zur Eile. Die Route nach Markt Schwaben in Stichpunkten: links an der Isener Dorfkirche vorbei; Straße Richtung Markt Schwaben; links nach Rosenberg abzweigen; links über Steinspoint und Zellershub nach Oberbuch; rechts Richtung Buch

Silvia Hoehn bei der Zubereitung eines feinen Obstkuchens

Marktcafé Isen 🏠

Inhaber Silvia und Kai-Uwe Hoehn
Konditormeisterin Silvia Hoehn

Adresse Bischof-Josef-Str. 6, 84424 Isen

Telefon 08083-546303

geöffnet Mi.–Fr. 11–18 Uhr, Sa./So./Fei 10–18 Uhr; im Sommer bei schönem Wetter auch länger geöffnet

Vegetarische Schmankerltipps Mandel- (1,90 €) oder Obsttörtchen (2,60 €), Rhabarber-Erdbeer-Tarte mit Mandelmakronen (2,60 €), bretonischer Apfelkuchen (2,80 €), Markt-Café-Schnitte (3 €)

ORANGENMANDELCREMETARTE

Zutaten für den Mürbeteig: 200 g Mehl, 85 g Butter, 55 g Puderzucker, 1 Ei, 1 Msp. Salz

Zutaten für die Creme: 70 g Marzipanrohmasse, 1 Eiweiß, 2 cl Amaretto, 2 Blatt Gelantine, 250 ml Milch, ½ Vanilleschote, 60 g Zucker, 2 Eigelb, 20 g Speisestärke

Zubereitung: Mürbeteig bereiten und mind. 1 Std. kühlen. Teig ca. 3 mm stark ausrollen, Springform (28 cm) auslegen und bei 200°C 25 Min. blindbacken. Für die Creme die Marzipanrohmasse mit dem Eiweiß und Amaretto glattrühren. Gelantine im kalten Wasser 10 Min. einweichen. Die Speisestärke mit den Eigelben und etwas Milch anrühren. Die restliche Milch mit dem Vanillemark und Zucker aufkochen und mit der angerührten Stärke abbinden. Die gut ausgedrückte Gelantine zugeben. Creme auf den Mürbeteigboden geben. Die Orangen schälen (dabei die weiße Haut sorgfältig entfernen), in 3 mm dicke Scheiben schneiden und auf die Creme gefächert verteilen. Die Orangenmarmelade mit dem Wasser 2 Min. kochen und die Orangenscheiben damit abglänzen.

und gleich links Richtung Forstern (Kiesweg); in Tading rechts nach Reithofen, dort links in die Pappelallee nach Pastetten; rechts in die Zeilerner Straße und über Grund nach Ottenhofen; an der Dorfkirche links in die Grashausener Straße; in Grashausen links in den Forstweg; in Markt Schwaben durch die Bahnunterführung und rechts zum Bahnhof.

Aktivität: Radtour | Gastronomie: Backwaren und täglich wechselnde
Tagesgerichte in Bio-Qualität

Drei-Täler-Rundfahrt mit Bio-Einkehr

Radtour zwischen Feldkirchen und Glonn

Südlich von Glonn bilden die V-förmig auseinanderdriftenden
Täler von Glonn und Kupferbach ein weitläufiges Rad-Eldorado.
Nicht minder reizvoll ist das Mangfalltal, das gegen die Voralpen-
Fluss-Regel in West-Ost-Richtung verläuft. Um die Anfahrt mit
der Bahn zu ermöglichen, beginnt unsere Tal-Trio-Tour in Feld-
kirchen-Westerham. Nach einem Drittel der Strecke kann man im
Piusheimer Café-Garten der Glonner Backkultur kleine, aber feine
Spezialitäten in frischer Bio-Qualität genießen.

Entspannende Radstrecke am Kupferbach

Durch das Riedholz nach Glonn

Vom Westerhamer Bahnhof steuern wir auf
der Bahnhofstraße 300 Meter ostwärts und an
der T-Kreuzung links haltend nach Feldkirchen.

Im Ort zweigen wir an der Ampelkreuzung rechts
in Richtung Rosenheim und kurz darauf links in
Richtung Höhenrain ab. Nach kurzem Anstieg
passieren wir eine alte Linde, bevor wir links
der Teerstraße nach Oberaufham folgen. Hinter

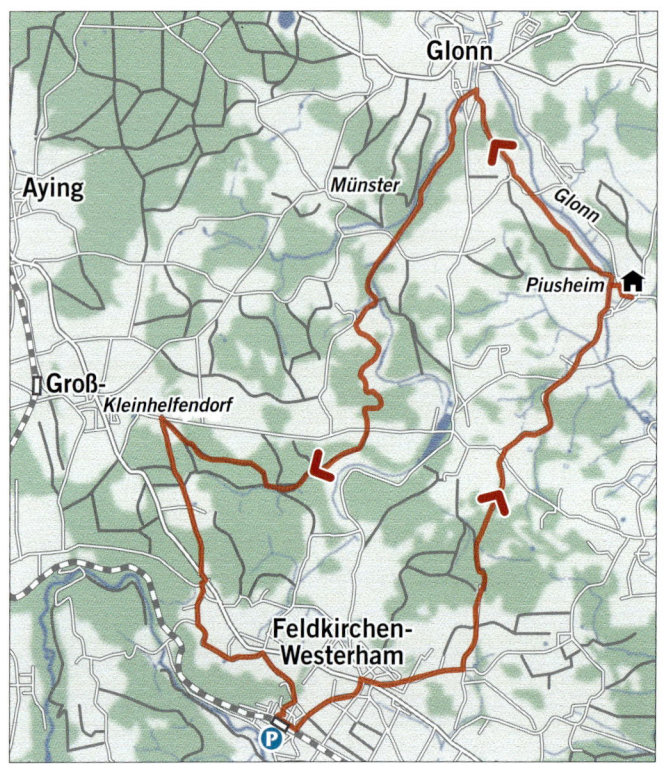

dem Weiler führt ein Forstweg geradewegs in den Wald. Im Riedholz halten wir uns an der Weggabelung rechts und erreichen nach wenigen Höhenmetern eine Hügelkuppe, hinter der eine schöne Abfahrt in einen malerischen Bachgraben erfolgt (an Kreuzung Ww. Krügling). In Piusheim überqueren wir die Glonn und zweigen von der Unterlausstraße links in den Schwaigerweg zur beschilderten Glonner Backkultur ab.

Geheimtipp „Bio-Erlebnis-Bäckerei" in Piusheim

Wer vor elf Uhr in der Glonner Backkultur eintrudelt, kann noch von der Frühstückskarte, beispielsweise ein „Hallo-wach!" mit Ahornsirup-Pfannkuchen, frischen Früchten, Doppel-Espresso und Prosecco oder eine „Gute Laune" mit Haus-Müsli und Kräuterquark-Vollkornbrot, bestellen. Für herzhafte kleine Gerichte wie Ofenkartoffel, Frühlingsrolle, Burger oder diverse Salate orientiert man sich an der Tageskarte. Das täglich wechselnde Angebot an Torten, Kuchen und Gebäck begutachtet man an der Theke. In der Backstube werden die Backwaren noch nach alter handwerklicher Tradition und ausschließlich mit Bio-Rohstoffen hergestellt. Hier wird der Teig noch mit Zeit und Muße hergestellt, wodurch er ein starkes Eigenaroma entwickeln kann.

Je nach Witterung bevorzugen die Gäste die hellen Innenräume oder den weitläufigen Gastgarten. Im schönen, gelben Gebäude gegenüber war einst das Heim für schwererziehbare Jugendliche untergebracht, das den rund 220 Insassen eine landwirtschaftliche oder handwerkliche Ausbildung ermöglichte. Auch eine Bäckerlehre hätte man hier absolvieren können. Der Bäckermeister Romeo Butic hat sein Handwerk jedoch

Aktivität	Radtour
Fahrzeit	3 Std.
Höhenmeter	390
Strecke	30 km

Route Westerham → Piusheim → Glonn → Kleinhelfendorf → Westerham

Anfahrt

ÖVM Bayerische Oberlandbahn (BOB) nach Holzkirchen oder S7 bis Kreuzstraße, Regionalbahn nach Feldkirchen-Westerham

Auto A8 Ausfahrt Hofolding, St2070 Aying, St2078 Feldkirchen, im Ort rechts Westerhamer Straße zum Bahnhof

Navigation N 47.903987°, E 11.829314°

Charakter Ebener Streckenverlauf in den drei Tälern und mehrere Auf und Abs dazwischen. Im Kupferbachtal und bei der Querung nach Kleinhelfendorf anspruchsvolles Gelände mit teils unübersichtlicher Wegführung. Stete Landschaftswechsel mit finaler Panoramablick-Abfahrt in das Mangfalltal

Wegweiser Radroute Via Alpina (ab Kleinhelfendorf)

Karte Kompass-Wk 181 Rosenheim, 1:50.000

in der Ayinger Fritzmühlen-Bäckerei gelernt. Dass er 2007 den Weg nach Piusheim gefunden und dort gemeinsam mit seiner Frau Antonia Weiß eine neue Existenz gegründet hat, ist dem Zufall zu verdanken. Heute stellt die Glonner Backkultur – immer noch ein Geheimtipp! – nicht nur den sozialen Mittelpunkt des Ortes dar, sondern ist mit ihrer Philosophie auch ein Vorbild für nachhaltige Gastronomie.

Rückweg über Kleinhelfendorf

Von der Einkehr geht es ein kurzes Stück bis zur Kreuzung zurück, hier rechts in die Glonntalstraße und nach 200 Metern links zur Obermühle

Appetit anregender Gemüseburger

– 1229 erstmals erwähnt! – hinab. Jenseits der Glonnbrücke halten wir uns rechts und folgen dem Kiesweg in einer Linksschleife westwärts. Am Waldrand biegen wir rechts in den Kiesweg und gelangen über Wiesen nach Mattenhofen und durch ein kleines Waldstück nach Glonn. Nur 100 Meter nach der Einmündung in die Feldkirchner Straße erreichen wir mit dem Abzweig scharf links in das Landschaftsschutzgebiet unseren Wendepunkt. In diesem Bereich mündet der Kupferbach in die Glonn, die 26 Kilometer weiter südlich bei Bad Aibling wiederum in die Mangfall abfließt. Das Bachwasser ist durch den sumpfigen Ursprung rotbraun gefärbt, bei der Fahrt über Reisenthal kommen wir dem Wasser immer wieder nahe.

Der Weg steigt zum Gehöft Spielberg an. An der T-Kreuzung halten wir uns kurz links und folgen dem rechts abzweigenden Weg nach Süden (nach 200 Metern an der Y-Kreuzung links!). Über eine anspruchsvolle Passage mit teils quer liegenden Baumstämmen (Rad darüber heben) geht es zu einer Wiesenlichtung im Talgrund hinab. Jenseits des Jägerstands führt unser Waldweg leicht versetzt, zuletzt auf einem Hohlweg, aus dem Kupferbachtal zu einer Anhöhe hinauf. In Oberlaus überqueren wir die Straße und fahren steil in das Nachbartal hinab. Hier halten wir rechts und pedalen nach 100 Metern links auf grobschottrigem Untergrund stets auf dem Hauptweg bleibend durch den markanten Geländegraben. Nach etwa 500 Metern führt ein kurzer Trail durch Unterholz zu einem soliden Forstweg; zwei Kilometer später genießen wir nach leichtem Anstieg freien Blick nach Süden, dann öffnet sich der Wald mit Blick auf Kleinhelfendorf. Im Ort stoßen wir auf den Radweg Via Alpina, der uns über den kleinen Blindhamer Berg-Tierpark zielsicher in das Mangfalltal zurückleitet.

Glonner Backkultur 🏠

Inhaber Antonia Weiß und Romeo Butic
Küchenchefin Anna Szmit

Adresse Raphaelweg 14, 85625 Baiern / Piusheim

Telefon 08093 - 90 25 61

E-Mail info@glonntaler-backkultur.de

Web www.glonntaler-backkultur.de

geöffnet Mi.–So. 9–18 Uhr (bei schönem Wetter auch länger; Fr. Pizzaabend bis 22 Uhr), Mai bis Sept. Sa. bis 22 Uhr

Einkauf Drax-Mühle, Rechtmehrung und Wolfmühle, Forstinning (Mehl und Naturkost); EPOS Biopartner (Milchprodukte, Gemüse); Rapunzel (Naturkost); Gildo Rachelli Premium (Bio-Eiscreme)

Vegetarische Schmankerltipps Nussbecher: Schokoladeneis, Nusseis, Schokoladensauce, Nüsse, Sahne (6,50 €), Gemüseburger (6,90 €), vegetarische Mini-Frühlingsrollen mit Thaisauce und Salat (7,90 €), Pizza Verdura mit Tomaten, Mozzarella und Gemüse der Saison (8,50 €)

Aktivität: Wanderung | Gastronomie: Kaffeespezialitäten, frische und regionale Kost

Am Irschenberger Aussichtspunkt mit Blick auf das Rotwandmassiv

Kaffee mit Aussicht

Wanderung südlich von Irschenberg

99 Prozent aller Autofahrer verbinden den Namen Irschenberg mit dem stauanfälligen Nadelöhr auf der Autobahn in Richtung Salzburg. Dabei hat jeder kurz vor der Abfahrt in die Inntalebene schon einmal die fotogen in die hügelige Voralpenlandschaft eingebettete Wilpartinger Wallfahrtskirche bewundert. Sie ist neben dem fulminanten Wöllkamer Aussichtspunkt und der versteckten Anianuskapelle Ziel unserer Wanderung. Und direkt an der Autobahnausfahrt Irschenberg verwöhnt die Dinzler Kaffeerösterei ihre Gäste mit üppigem Brunch, herzhaften Schmankerln à la carte und Köstlichkeiten aus der hauseigenen Backstube.

Wilpartinger Wallfahrtskirche, Wandmalerei in der Anianuskapelle (o.)

Erlebniswelt mit bestem Kaffee

Die Idee, den Hauptfirmensitz der eigenen Kaffeerösterei direkt an eine der frequentiertesten deutschen Autobahnen zu verlegen, hat sich als richtig erwiesen. Denn viel Verkehr bedeutet auch eine hohe Anzahl an potentiellen Kunden, der Urlauber gönnt sich hier bei der Durchreise bestimmt mal eine Pause. So wie die Schweizerin Christina aus Basel, die bei einem Zufallsbesuch auf den Geschmack der glutenfreien Kuchen und Torten gekommen ist und ihre Freude, auswärts endlich mal wieder etwas Schmackhaftes zum Kaffee konsumieren zu können, voller Freude im Dinzler-Gästebuch zum Ausdruck gebracht hat. Bei vielen Einheimischen wiederum ist „Frühstücken bei Dinzler" zum sonntäglichen Ritual geworden. Bei der Auswahl an Kombinationen sollte man etwas Zeit und Muße mitbringen, die Frühstückskarte gilt bis 15 Uhr …

Wie von einer Kaffeerösterei nicht anders zu erwarten, sind die Kaffeespezialitäten von bester Qualität. Die Erfolgsgeschichte begann im Jahr

Aktivität	Wanderung
Gehzeit	2 ½ Std.
Höhenmeter	230
Strecke	8 km

Route Parkplatz Dinzler → Aussichtspunkt Wollkam → Obholz → Wilparting → Alb → Untermoos → Parkplatz Dinzler

Anfahrt

Auto A8 Ausfahrt Irschenberg, wenige hundert Meter auf der B472 Richtung Miesbach und links zum Parkplatz an der Kaffeerösterei Dinzler

Navigation N 47.828398°, E 11.902614°

Charakter Trotz Autobahnnähe eine sehr lohnende und kurzweilige Rundtour zu einem fulminanten Aussichtspunkt, zwei Kapellen und durch einen markanten Bachgraben. Aussichtspunkt und Graben werden auf Pfaden angesteuert, ansonsten wandert man auf ruhigen Asphaltstraßen.

Wegweiser Die Etappenziele sind sporadisch beschildert.

Karte Kompass-Wk 181 Rosenheim, 1:50.000

Sommerliche Frühstücksatmosphäre auf der Terrasse von Dinzlers Kaffeerösterei

1950, als der Bischofswiesener Otto Dinzler in seiner Heimat eine Kaffeerösterei eröffnete. 1998 übernahm dann die Familie Richter mangels Nachfolger das florierende Geschäft. Um sich von der Qualität der Bohnen und der fairen Behandlung der Arbeiter zu überzeugen, reist Isolde Richter regelmäßig in Länder wie Kolumbien, Guatemala und Tansania, wo aus Spendengeldern sogar schon eine Schule erbaut wurde. Somit kann sie die Konditionen mit den Kleinbauern direkt vor Ort aushandeln, und der Weg von der rohen Bohne bis in die Tasse wird transparent. Die neueste Espresso-Kreation „Modena" ist eine Mischung milder Arabica-Bohnen aus Brasilien, Kolumbien und Guatemala mit würzig-feinem Robusta aus Indien und Indonesien. Pro Jahr werden rund 600 Tonnen Rohkaffee nach dem traditionellen Röstverfahren verarbeitet, Rösterei, Lager und Kaffeehaus sind unter einem Dach vereint.

Da das kulinarische Konzept stimmig ist, fühlen sich hier auch Menschen mit dem Hang zu bewusster Ernährung wohl. Sämtliche in der Gastronomie verwendeten Lebensmittel stammen von einheimischen Anbietern und Lieferanten aus der Region, was den Speisen eine wohltuende Frische beschert. Neben dem Kaffee werden auch Eis, Kuchen, Brote, Gebäck und diverse Tagesgerichte selbst produziert. Die unterschiedlichen Sitzlandschaften und kulinarischen Angebote kommen gut bei den Gästen an. Vom Restaurant mit seinen großen Glasfenstern und der Sonnenterrasse genießt man den wundervollen Blick auf das nahe Mangfallgebirge!

Vom Aussichtspunkt in den Bachgraben

Von der Dinzler Kaffeerösterei folgen wir dem Teerweg nach Süden und biegen links in die Straße Richtung Wilparting. Nach 800 Metern geht es links durch den Wöllkamer Autobahn-Tunnel hindurch und an der Straßengabelung links bergan. Am Ortsschild Irschenberg zweigen wir rechts in den Wiesenpfad zum Aussichtspunkt ab (Ww. Zur Aussicht). Der Panoramablick auf Chiemgauer Bergen und Mangfallgebirge ist gigantisch, da stört selbst die nahe Autobahn nicht! Sehr gut zu erkennen sind vor dem Rotwandmassiv unsere Etappenziele Wilparting und, jenseits des bewaldeten Bachgrabens, die Anianus-Kapelle.

Mit Postkartenblick (Linden-Solitär mit Maibaum und Dorfkirche) auf den Ort Irschenberg geht es ostwärts zum Sträßchen hinunter, wo wir

*Da wächst der Appetit:
Veganes Frühstück …*

… und bunte Pasta

Dinzler Kaffeerösterei 🏠

Inhaber Familie Richter
Küchenchef Markus Zieher

Adresse Wendling 15, 83737 Irschenberg

Telefon 0 80 25 - 99 22 50

E-Mail info@dinzler.de

Web www.dinzler.de / irschenberg.htm

geöffnet Täglich 7–22 Uhr

Einkauf Frische Produkte von regionalen Erzeugern,
z. B. Birkenhof, Griesstätt (Bio-Eier); Tegernseeer
Naturkäserei (Milchprodukte); Fischzucht Lechner, Bad
Aibling (Saibling)

Vegetarische Schmankerltipps Bio-Mehrkornmüsli,
Joghurt, frisches Obst, Honig, hausgemachte Brioche-
würfel und Nüsse (4,20 €), Erdbeercharlotte auf
Topfen-Joghurt-Sauce (6,40 €), bunte Kartoffel-
Gemüsepfanne mit Kräutern und Schmand (10,60 €),
Bärlauchrisotto mit buntem Gemüsestroh (9,50 €)

geradeaus über den Weiler Falter nach Obholz und im Bogen über das Gehöft Leiten – hier grasen die Kühe direkt an der Autobahn! – durch die Unterführung nach Wilparting wandern. Die sehenswerte Wallfahrtskirche wurde 657 n. Chr. vom irischen Wanderbischof Marinus gegründet, der hier, sich enthaltsam von Brot mit Kräutern und Salz ernährend, einst als Einsiedler lebte. An der Terrasse des Café-Gasthofs Zum Moar beginnt jener Steig, der geradewegs zum Waldrand und in einigen Kehren zum Bach des Röthengrabens hinabführt (Ww. Alb). Jenseits des Metallsteges folgt an der Anianusquelle („kein Trinkwasser") vorbei der Gegenanstieg zur Anianuskapelle. Sie wurde an jener Stelle errichtet, wo Marinus' Wegbegleiter Anianus einst in einer Klause gelebt haben soll. Eine schöne Wandmalerei in der Kapelle bildet den angesehenen Heiligen ab.

Nur wenige Meter von der Kapelle entfernt steht der stattliche Einödhof Alb. Vom Hofgelände führt ein Teersträßchen westlich zum Gehöft Untermoos und rechts haltend durch Wald in Richtung Irschenberg. Der gurgelnde Röthbach wird dieses Mal ohne Gegenabstieg überquert, da sich der markante Graben erst hier langsam entwickelt. Mit Blickrichtung Autobahn und Aussichtspunkt geht es schließlich zum Ausgangspunkt zurück.

Aktivität: Bergwanderung | Gastronomie: Tiroler und Wiener Küche, Kaffeespezialitäten

Kaiserwand und Innpromenade

Bergtour über die Kaindlhütte auf den Scheffauer

Auf dem Weg in den Süden kommt man im Inntal unweigerlich an Kufstein vorbei. Das Wahrzeichen der Stadt, die auf einem Geländesockel thronende Festung, ist schon von Weitem sichtbar. Auch die schmucke Altstadt ist durchaus einen längeren Aufenthalt wert! Wer einmal an der Innpromenade im Auracher Löchl Salzburger Nockerl und einen „Verlängerten" genossen hat, weiß das Flair der lebhaften Festungsstadt durchaus zu schätzen. Und es spricht ja nichts dagegen, vor dem Eintauchen in die Altstadt eine Genusswanderung oder gar einen Klettersteig im Wilden Kaiser anzugehen …

Panoramaweg zur Kaindlhütte

Vom Kufsteiner Stadtteil Sparchen erleichtert der Kaiserlift die Annäherung an die wildromantische Bergwelt. Da das Brentenjoch bereits auf einer Höhe von 1204 Metern liegt, stellt der Übergang zur Kaindlhütte (1293 m) ein gemütliches Einlaufen dar. Zwar erfolgt von der Bergstation zunächst ein Abstieg, doch der Höhenverlust hält sich in Grenzen. Mit herrlichem Blick auf die Kaiserkette folgt eine Querung zu den unteren Steinbergalmen. Dann geht es moderat ansteigend zur bewirtschafteten Kaindlhütte (Gehzeit max. 1 Std.) hinauf. Die Wandermöglichkeiten – einschließlich Übergang auf dem Bettlersteig in das Kaisertal oder Abstiegsvarianten nach Kufstein – sind unerschöpflich. Der stille Genießer kann hier auch ohne Gipfel viele schöne Stunden verbringen.

Atemberaubende Wandbegehung

Erfahrene Bergwanderer mit Lust auf einen landschaftlich spektakulären, aber leichten Klettersteig wandern von der Kaindlhütte direkt auf

Aktivität	Bergwanderung
Gehzeit	6 Std.
Höhenmeter	1100

Route Brentenjoch → Kaindlhütte → Scheffauer und zurück

Anfahrt

ÖVM Mit der Bahn nach Kufstein und mit dem Bus zum Kaiserlift

Auto A8 und A12 Inntalautobahn Ausfahrt Kufstein Nord, am Verkehrskreisel Richtung Ebbs und rechts in den Ortsteil Sparchen zum großen Parkplatz an der Liftstation (teilweise ausgeschildert)

Navigation N 47.590442°, E 12.184632°

Charakter Bis zur Kaindlhütte einfache Wanderung auf breiten Wegen durch Wald und über Almen. Die Besteigung des Scheffauers erfolgt auf dem Wildauer Klettersteig (Schwierigkeit A/B) und bleibt geübten und schwindelfreien Wanderern vorbehalten! Am Gipfel überragende Aussicht!

Wegweiser Kaindlhütte und Scheffauer (Wildauersteig) sind gut beschildert, bei klarer Sicht gute Orientierungsmöglichkeiten.

Info Kaiserlift (Tel. +43-5372-62364) von Mai bis Oktober in Betrieb (erste Bergfahrt 9 Uhr, im Herbst 8.30 Uhr, letzte Talfahrt 16.30 Uhr)

Karte Kompass-Wk 9 Kaisergebirge, 1:50.000

Dem Gipfel entgegen: Nach der Steilstufe am Wildauersteig wird das Gelände wieder flacher.

die Respekt einflößenden Kaiserwände zu. An einem markanten Felsblock wendet sich der Steig nach links (Ww. Wildauersteig). Nach einer steilen Waldpassage erreichen wir am Fuß der Nordabstürze von Zettenkaiser und Scheffauer einen Bergkessel, wo es nach links zum Wandeinstieg geht. Der Klettersteig führt elegant durch drahtseilgesicherte Kamine und über luftige Felsbänder empor, bevor sich das Gelände knapp unterhalb der Scharte zurücklehnt und der 2111 Meter hohe Scheffauer rasch erreicht ist. Der Gipfel beschert uns eine überragende Aussicht auf die famose Bergwelt. Und bei wenig Betrieb nähern sich zuweilen die Gamsrudel ohne Scheu.

Der Abstieg erfolgt auf derselben Route. Wer die letzte Bahn (16.30 Uhr) erwischen will, muss die Uhrzeit im Auge behalten.

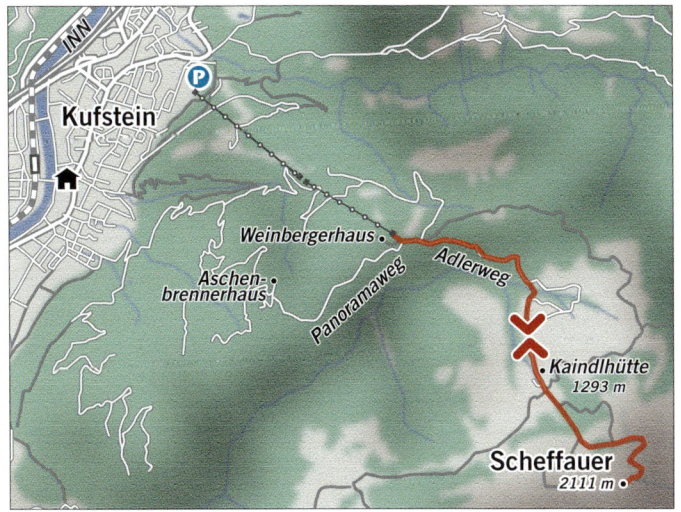

Der Wanderer genießt die Ruhe und den königlichen Blick am Scheffauer. Der Hintersteiner See liegt ihm direkt zu Füßen.

Das Auracher Löchl liegt malerisch am Fuß der Kufsteiner Burg.

Weinstube und Café Auracher Löchl 🏠

Inhaber Richard Hirschhuber
Küchenchef Alfred Holzfeind

Adresse Römerhofgasse 3–5, A-6330 Kufstein

Telefon +43-53 72-621 38

E-Mail hotel-weinhaus@auracher-loechl.at

Web www.auracher-loechl.at

geöffnet 365 Tage im Jahr 12–23 Uhr heisse Küche

Einkauf Nachhaltigkeitszertifikat vom Land Tirol seit 2009; AMA-Gütesiegel (Gemüse, Lamm, Rindfleisch von Tiroler Betrieben); Wiesbauer Gourmet Niederösterreich und österreichischen Kalbin (Dry aged Rindfleisch, Steak und Rinderfilet)

Übernachtung 33 Gästezimmer im Tiroler Landhausstil

Vegetarische Schmankerltipps Salzburger Nockerl auf Wildpreiselbeerbeet (11,20 € für 2–4 Pers.), hausgemachte Waffel mit frischem Obstsalat (6,90 €), Kufsteiner Kaiserschmarrn mit Apfelkompott (7,20 €), Ofenkartoffel – regional erhältliches Gemüse, der Jahreszeit angepasst, gebraten mit Kartoffel und Jungzwiebel in Olivenöl mit frischer Petersilie und Sauerrahmdip (7,90 €), Duett vom Spinatknödel und Südtiroler Kasnocken mit brauner Butter, Parmesan und „unser Salat" (11,40 €)

Brückenrestaurant, Weinstube und Caféterrasse

Von den ausgewiesenen Parkplätzen im Zentrum ist der Untere Stadtplatz im Nordschatten der mächtigen Burg rasch erreicht. Richtung Inn zweigt die Römerhofgasse mit ihren traditionellen Häusern ab. In einem dieser Häuser ist das für seine feine Küche bekannte Auracher Löchl, Hotel, Weinstube und Café, untergebracht. Beef Tartare, Käsespätzle, Tiroler Tapas Teller, diverse Steaks vom Lavasteingrill, Wiener Schnitzel vom heimischen Kalb und der Tiroler Rostbraten Strindberg zählen zu den Lieblingsgerichten der täglich im Schnitt über 330 (!) bewirteten Gäste. Je nach Gusto tafelt man im kleinsten Brückenrestaurant der Welt (ein Tisch mit zwei Plätzen mit Blick auf die Römerhofgasse), in den urgemütlichen, 600 Jahre alten Wein- und Wirts-Stuben oder im Terrassencafé an der Innpromenade. Wie populär das Auracher Löchl ist, zeigen die gut 1800 „Likes" (Stand: August 2013) auf der Facebook-Seite …

Die Tische an der Innpromenade sind bei sonnigem Wetter selbst im Winterhalbjahr rasch belegt. Von hier kann man das Treiben der Spaziergänger und Radfahrer direkt am Fluss aus der Nähe beobachten. Eine Spezialität des Hauses sind die Salzburger Nockerl. Da bei dem über hundert Jahre alten Hausrezept die drei Salzburger Stadthügel dargestellt werden, nimmt das Dessert einen gewissen Raum auf dem Teller ein. Nur wenn man es sich zu mehreren teilt, kann man das Operetten-Zitat „süß wie die Liebe, zart wie ein Kuss" voller Genuss auf sich wirken lassen.

Ein großes Plus: Auf den phantasievoll gestalteten Speisekarten werden die Gerichte inklusive Zubereitung und Zutaten teilweise erklärt und somit transparent gemacht. So erfährt der Gast, dass beispielsweise das Vanilleeis aus Bourbon-Vanilleschotten hergestellt, die Schokoladensoße mit braunem Rohrzucker versüßt wird und sich für das Rösti die Kombination aus rohen und gekochten Kartoffeln als ideal herausgestellt hat. Sehr angenehm ist auch die spürbare Freundlichkeit der Gastgeber: Das offen formulierte Ziel, die Gäste mit einem hohen Qualitätsanspruch und großer Zuvorkommenheit zu verzaubern, wird konsequent umgesetzt.

Aktivität: Bergwanderung | Gastronomie: hausgemachte Kuchen

Die schönste Caféterrasse weit und breit

Wanderung am Wendelstein

Wer sich einmal auf der Gartenterrasse des Siglhofs niedergelassen hat, steht so schnell nicht wieder auf. Der herrliche Blick. Die Ruhe. Die Atmosphäre. Der schmackhafte Kuchen. Ein Schlemm- und Spielparadies für Groß und Klein am Fuß des Wendelsteins.

Diese Wandergruppe hat das Bergcafé Siglhof bereits im Blick.

Aufstieg von Bayrischzell

Obwohl der Siglhof von Osterhofen auch mit dem Auto zu erreichen ist, machen sich die meisten Besucher zu Fuß auf den Weg. Der Anstieg ist in der Tat überschaubar: Vom Bahnhof in Bayrischzell geht es erst in Richtung Alpenfreibad (Abzweig Michael-Meindl-Straße von der Schlier-

seer Straße), dann folgt man dem Wegweiser „Parapluie / Osterhofen über Hochkreuth". Den Wasserfall heben wir uns für den Rückweg auf.

Nach der relativ steilen Waldpassage flacht das Gelände deutlich ab, saftige Blumenwiesen dominieren nun das Landschaftsbild. Auch unser Ziel – der Siglhof – ist bereits deutlich zu erkennen. Zum Gipfel des felsigen Wendelsteins fehlen von hier allerdings noch gut 800 Höhenmeter, auch wenn der optische Eindruck einen rascheren Anstieg vermuten ließe. Wer zumindest bis zur Wendelsteinalm weiterwandern will, sollte sich besser vor der Einkehr auf die Socken machen. Denn um die Kinder nach Eroberung der Berggondel und des ausrangierten Oldtimer-Traktors noch für den steilen Anstieg durch die warme Südflanke zu begeistern, bedarf es schon spezieller Motivationskünste.

Der Siglhof – ein Spielparadies für Kinder

Die Berggondel stammt übrigens nicht von der nahen Seilbahn zum Wendelstein, sondern vom Brauneck. Sie ist von der einladenden Gartenterrasse gut zu überblicken, sodass sich die

Der alte Traktor – ein Liebling der Kinder

Eltern jederzeit entspannen können. Wenn Gondel, Traktor oder Rutsche zu langweilig werden, wecken die umliegenden Wiesen und Hänge den Pioniergeist der Kinder. Und die Erwachsenen sitzen derweil unter den Sonnenschirmen und plaudern in den Tag hinein.

Kuchen essen dann alle gemeinsam. Der Siglhof ist für seine hausgemachten Leckereien bekannt. Die „Himmlische" etwa setzt sich aus Sauerrahm, Sahne und Mandelbaiser zusammen. Auch sonst ist die Hausherrin Eleonore Winkler um raffinierte Rezepturen und Namensgebungen nicht verlegen. Allein wegen des „Feuerwehrkuchens" lässt der eine oder andere Bayrischzeller schon einmal vermeintlich wichtigere Dinge im

Aktivität	Bergwanderung
Gehzeit	1 ½ Std.
Höhenmeter	200
Strecke	4 km

Route Bayrischzell → Siglhof → Bayrischzell

Anfahrt

ÖVM Bayerische Oberlandbahn (BOB) nach Bayrischzell

Auto A8 Ausfahrt Weyarn, B 307 über Schliersee zum Parkplatz am Bahnhof Bayrischzell

Navigation N 47.674664°, E 12.013056°

Charakter Einfacher und kurzer Waldanstieg von Bayrischzell nach Hochkreuth. Auf dem Rückweg Variante über den Wasserfall

Tipp Wer diese kurze Wanderung ausweiten will, kann von Hochkreuth auf gut markiertem Weg den Wendelstein besteigen (2 ½ Std.). Alternativ fährt man mit der Seilbahn (Parkplatz in Osterhofen, www.wendelsteinbahn.de) hinauf und steigt über Wendelstein- und Siglalm zum Siglhof ab.

Karte Kompass-Wk 8 Tegernsee / Schliersee, 1:50.000

Tal ruhen. Die Eier für den Teig stammen von den rund 20 glücklichen Hühnern, die im Hofgelände picken. Vor den hauseigenen Katzen muss sich das Federvieh übrigens weniger fürchten als vor dem Fuchs, der nach Einbruch der Dunkelheit auf Beutejagd geht. Grund genug, die Hühner nachts in den sicheren Stall zu treiben.

Die Ochsen und 50 Jungrinder hingegen verbringen auch die Nacht im Freien. Das eine oder andere Stück Fleisch vom hofeigenen Ochsen

Aussichtsreiche Wiesenterrasse am Siglhof

dürfte nach der Schlachtung beim Bayrischzeller Metzger Linderer auf der Hochkreuther Brotzeitplatte auftauchen – eine deftige Alternative zur süßen Versuchung mit Kuchen und Dinzler Kaffeespezialitäten am Nachmittag. Als Vorspeise empfiehlt sich eine herzhafte Tagessuppe.

Während sich Eleonore Winkler um die Küche und die einquartierten Hausgäste kümmert, widmet sich ihr Mann Johann vormittags der Landwirtschaft; ab Mittag ist er dann verstärkt im Café präsent. Scheint die Sonne, füllen sich die Bierbänke auf der gepflegten Wiese bereits am späten Vormittag. Ohne Aushilfe ist der Betrieb dann nicht zu meistern. „Selbst Bedienen macht in diesem abgeschiedenen Naturidyll Spaß", erzählte uns die Kellnerin Ursula bei unserem Besuch.

Abstecher zum Wasserfall

Irgendwann wird abgestiegen. Der Rückweg nach Bayrischzell ist ja nicht sonderlich weit, und nach kurzer Passage auf der Aufstiegsroute zweigt man an der Weggabelung rechts ab und wählt nach Passieren der bewaldeten Steilflanke den Abstecher zum Wasserfall. Nach kurzem Gegenanstieg über Stufen erreicht man die Brücke.

Noch verlockender als der Wasserfall selbst ist die smaragdgrüne Gumpe inmitten der Schlucht. Die Kinder drängeln, an der abschüssigen Felsflanke hinabzuklettern, um das frische Wasser und den Fels aus der Nähe zu inspizieren. Doch dieses kleine Abenteuer muss mangels Seil auf das nächste Mal verschoben werden.

Bergcafé Siglhof 🏠

Besitzer Johann und Eleonore Winkler
Küchenchefin Eleonore Winkler

Adresse Hochkreuth, 83735 Bayrischzell

Telefon 0 80 23 - 679

E-Mail info@siglhof.com

Web www.siglhof.com

geöffnet Mai bis Ende Oktober täglich 9–18 Uhr; So. Frühstücksbuffet 8.30–11 Uhr

Einkauf Regional; hofeigene Eier bzw. Zukauf aus örtlicher Freilandhaltung; Metzgerei Linderer, Bayrischzell

Übernachtung 3 Doppelzimmer u. 2 Ferienwohnungen

Vegetarische Schmankerltipps Hausgemachte Kuchen, darunter „Feuerwehrkuchen" (ab 2,50 €) und Hochkreuther Torte (2,90 €), Pfannkuchensuppe (3,60 €), zwei Spinatknödel in zerlassener Butter mit Parmesan (6,80 €)

Aktivität: Radtour | Gastronomie: Kuchen, Torten und Pralinen aus eigener Herstellung

Pralinen, Prügeltorte und Pariser Nuss

Radrundtour zwischen Schliersee und Tegernsee

Wenn Florian Guggenbichlers Großvater im Jahr 1928 nicht die Einreise in die USA verweigert worden wäre, würde es das Café in der heutigen Form wohl nicht geben. Denn nachdem sein Traum, in New York mit seiner Münchener Frau ein Café zu gründen, geplatzt war, bekochte er im Zweiten Weltkrieg die Gebirgsjäger und übernahm die Pacht des Mesners, seinerzeit ein Edellokal mit Silberbesteck. Vater Heinz zog es in den 1950er Jahren nicht ganz so weit in die Ferne, doch seine Arbeit als Konditorgeselle in der namhaften Pariser Konfiserie Lenotre lehrte ihm die feine französische Backkunst. 1958 folgte er dem Ruf seines Vaters und machte aus dem Mesner ein echtes Vorzeigecafé, das Florian Guggenbichler heute bereits in der vierten Generation mit altbewährter Backkunst und moderner Ausstattung weiterführt.

Noch ein kurzes Stück bis Kühzagl, dann zweigt die Steilrampe zur gleichnamigen Alm ab.

Einer geht noch: Badespaß im Schliersee

Traumtour zwischen drei Seen

Das Café Mesner an der zentralen Dorfkirche ist leicht zu finden. Doch vor der Schlemmertour steht eine anspruchsvolle Bike-Runde auf dem Programm. Vom Schlierseer Bahnhof geht es auf dem Radweg an der Bahn entlang kurz nach Westen, dann nach einer Linkskurve auf der Breitenbachstraße an der Kirche vorbei zum Campingplatz am Westufer des Schliersees. Es folgt ein gemütlicher Abschnitt am See entlang nach Fischhausen-Neuhaus, wo die Route nach rechts in die Josefstaler Straße abzweigt. Hinter dem Alpenhof zieht die Alte Spitzingstraße steil durch den Wald empor und mündet in die neue Straße, auf der der Spitzingsattel erreicht wird. Vom Sattel steuert man entweder direkt auf der Straße in den Ort Spitzingsee oder – weitaus schöner – am bewaldeten Ostufer des gleichnamigen Sees.

Aktivität	Radtour
Fahrzeit	3 ½ Std.
Höhenmeter	950
Strecke	42 km

Route Schliersee → Fischhausen-Neuhaus → Spitzingsee → Valepp → Enterrottach → Kühzaglalm → Schliersee

Anfahrt

ÖVM Bayerische Oberlandbahn (BOB) nach Schliersee

Auto A 8 bis Ausfahrt Weyarn, B 307 über Miesbach nach Schliersee, Parkmöglichkeiten im Ort

Navigation N 47.735831°, E 11.860063^

Charakter Die landschaftlich grandiose Rundtour zwischen Schlier-, Spitzing- und Tegernsee ist eine Herausforderung für fortgeschrittene Biker. Zwei längere Anstiege sind zu meistern, wobei die Strecke zur Kühzagl-Alm oft schiebend bewältigt wird. Zwischendurch Entspannung am Ufer von Schlier- und Spitzingsee sowie an der Roten und Weißen Valepp. Ruhige Asphaltstraßen und Kieswege

Wegweiser Zwischen Schliersee und Fischhausen-Neuhaus fährt man auf dem Bodensee-Königssee-Radweg, ansonsten gibt es nur regionale MTB-Radschilder.

Karte Kompass-Wk 8 Tegernsee Schliersee, 1:50.000

Feine Pralinenauswahl, Schwarzwälder Kirsch und Schoko-Baiser

Von der Mautstation am Ortsende rollt man gut sechs Kilometer in Begleitung der Roten Valepp genussvoll, das Rauschen des Wildbachs im Ohr, zu Tale. Noch vor dem Forsthaus Valepp mündet die Rote Valepp in die Weiße Valepp, Kanufahrer nutzen diese Stelle als Startpunkt für eine zwölf Kilometer lange Paddelfahrt durch die enge Schlucht in Richtung Süden. Die Radtour hingegen verläuft flussaufwärts an der Weißen Valepp entlang über eine Einsattelung zur Moni Alm und an der Stümpfling-Bahn vorbei in rasanter Abfahrt nach Enterrottach.

Hinter Enterrottach zweigt man rechts zum Weiler Kühzagl ab und beginnt dort den Anstieg zur gleichnamigen Alm. Schon nach kurzer Fahrt im schattigen Bachtal schwingt sich der Weg zu einer Respekt einflößenden Steilrampe auf, die nur im kleinsten Gang fahrend gemeistert werden kann. Alternativ ist Absteigen und Schieben angesagt. Hinter der schön gelegenen Alm führt ein letzter Steilaufschwung zum Scheitelpunkt des Waldrückens zwischen Tegernsee und Schliersee. Dort treffen am sogenannten Stachus mehrere Forstwege aufeinander: In phantastischer Abfahrt geht es von hier an der Krainsberger Alm vorbei und man erreicht somit rasch das beschilderte Etappenziel.

Die Qual der Wahl

Das Café Mesner ist nur einen Steinwurf vom Bahnhof entfernt. Bei schönem Wetter sitzt man unter den rund 150 Jahre alten knorrigen Kastanien und blickt in Richtung See. Der Sommerhit ist die Pariser Nusstorte, die aus zwei mit Mandeln und Nüssen verfeinerten Baiserschichten und einer Creme aus Butter und Mandelnugat besteht. Die „Prügeltorte", ein aus allerfeinsten Zutaten gebackener Baumkuchen, wird bereits seit einem Jahrhundert in verschiedenen Variationen im Hause Mesner hergestellt.

Doch Florian Guggenberger greift in seiner Backstube auch auf eigene Rezepturen zurück. Freitags und samstags etwa beginnt der Run auf den legendären Rahmapfelstrudel, der sogar

Café Mesner 🏠

Inhaber und Konditormeister
Florian Guggenbichler

Adresse Lautererstr. 2, 83727 Schliersee

Telefon 0 80 26 - 64 36

geöffnet Täglich außer Mo. 9–18, So. 10–18 Uhr

Einkauf Fruchthalle Germeroth Hausham (Obst)

Vegetarische Schmankerltipps Portion Baumkuchen (2,40 €), Pariser Nussbaisertorte (3,00 €), Pralinenauswahl aus 30 Sorten (4,80 € je 100 g), Tomatencremesuppe (4,10 €)

Schöne Sitznische am Brunnen der Gartenterrasse

in der Gourmet-Zeitschrift Der Feinschmecker in höchsten Tönen gelobt wurde. Sehr zu empfehlen sind auch die 30 Pralinensorten, die ebenfalls aus eigener Herstellung stammen. Die Williamstrüffel und Kirschwasserspitzen sind traditionell mit Schnaps aus der eigenen Brennerei gefüllt. In aller Munde ist der Sanddorntrüffel, eine mit Gesellin Theresa entwickelte Kreation – eine kostbare Mischung aus weißer und Vollmich-Schokolade abgeschmeckt mit Muskatblüten.

SACHERTORTE

Zubereitung: Erst 8 Eiweiß, 170 g Zucker und eine Prise Salz, dann 8 Eigelb, 70 g Marzipan, 10 g Wasser, Vanille und Zitronenschale schaumig schlagen. Je 100 g Butter und Kakaomasse schmelzen. 170 g geröstete Mandeln, 100 g Mehl und 5 g Backpulver mischen, zusammen mit der Eigelbmasse zu dem schaumigen Eiweiß schütten und kurz verrühren. In eine Backform füllen und bei 190°C 10 Min. backen, dann den Ofen auf 150°C herunterschalten und nochmals 15–20 Min. ausbacken. Wenn der Boden ausgekühlt ist, zweimal durchschneiden, mit etwas Rum tränken und mit Johannisbeermarmelade füllen. Zum Schluss mit aufgelöster Schokolade überziehen.

Aktivität: Bergwanderung | Gastronomie: feine Torten, Kuchen und Pralinen

Fels in der Brandung

Wanderung durch die Partnachklamm

Die tief in den Fels eingeschnittene Partnachklamm ist mit ihren spektakulär zu Tale stürzenden Wasserfällen und -strudeln eines der aufregendsten Naturphänomene weit und breit. Bereits im 18. Jahrhundert hatten Einheimische unter Lebensgefahr vom Reintal Brennholz auf Triftwegen mit der Kraft des Wassers nach Partenkirchen befördert. Solange der Schneeferner die Partnach mit Schmelzwasser vom Zugspitzblatt versorgt, wird das grandiose Naturspektakel in der Klamm bestehen bleiben. Standfest wie der Fels in der Brandung ist das Café Krönner, das bereits in der achten Generation besteht und seine Gäste in Garmisch mit feinen Torten, Kuchen und Pralinen verwöhnt.

Durch die kühle Partnachklamm

Die Wanderung in die Partnachklamm beginnt am Olympia-Skistadion von Partenkirchen. Der Teerweg führt direkt an der Partnach talein, das Wasser ist hier nach dem geballten Schleudergang in der Schlucht gezähmt. Pferdekutschen begleiten uns bis zum Kassenhäuschen, wo das Abenteuer Partnachklamm entlohnt wird. Es folgt eine atemberaubende Wildbach-Begegnung inmitten eines spektakulären Felslabyrinths. Da die Schlucht teilweise nur wenige Meter breit ist, donnert das Wasser auf engstem Raum geräuschvoll zu Tal. Überall tropft und spritzt es von den Wänden, die Wassertropfen gefrieren im Winter zu bizarren Eisformationen. Der raffiniert in den Fels geschlagene Steig kommt ohne Stufen und Treppen aus, weicht aber mehrmals in längere Tunnel aus. Nach 800 Metern endet die Schlucht abrupt und das Reintal öffnet sich.

Nach der Klammdurchquerung führt linkerhand ein Steig aufwärts durch den Wald zum Forsthaus Graseck. Anschließend quert man gemütlich zum Café Hanneslebaur, bevor der steile Abstieg zum Kassenhaus der Klamm erfolgt. Wer mit dem Zug angereist ist, findet vom Skistadion am Bahngleis entlang einen schönen Wanderweg in Richtung Garmisch. Noch vor Erreichen der Hausbergbahn zweigt man rechts zum Alpspitz-Wellenbad ab und gelangt auf der Klammstraße zur St.-Martin-Straße; hier geht man ein Stück nach rechts, bevor links die Achenfeldstraße direkt zum Café Krönner führt.

Backtradition seit 250 Jahren

Die Backleidenschaft der Familie Krönner nähert sich einem stolzen Vierteljahrtausend. In Garmisch erfreuen sich die Cafégäste seit 1934 an hausgemachten Pralinen und Trüffeln, frischem Baumkuchen, feinem Buttergebäck und traditionellen Torten. Ein echter Klassiker ist die Agnes-Bernauer-Torte, die häufig nicht nur im Café verzehrt, sondern auch im Ganzen mitgenommen wird. Sie ist nach der berühmten Augsburger Baderstochter, der Gattin von Herzog Albrecht, benannt. Die Torte setzt sich aus sechs Baiserböden, einer Mischung aus Eiweiß, Zucker

Bizarre Eisformationen in der winterlichen Partnachklamm

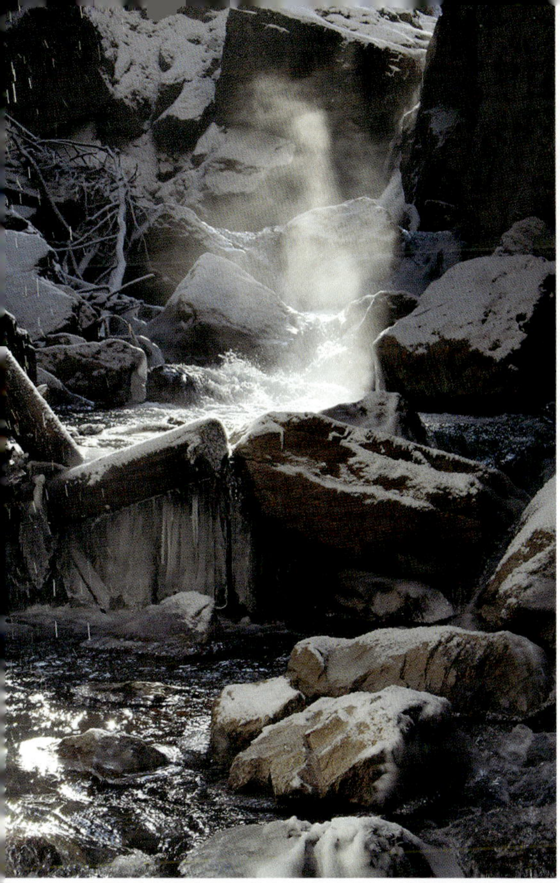

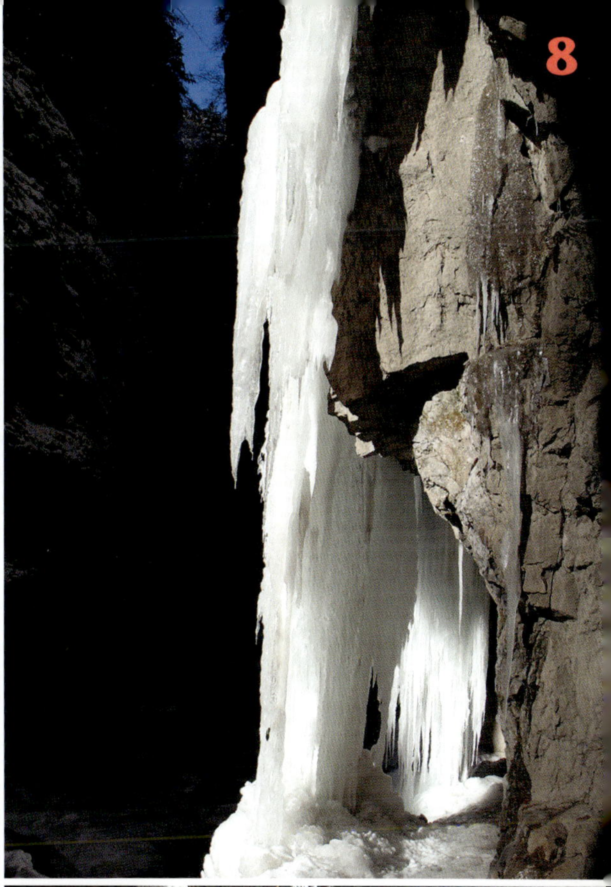

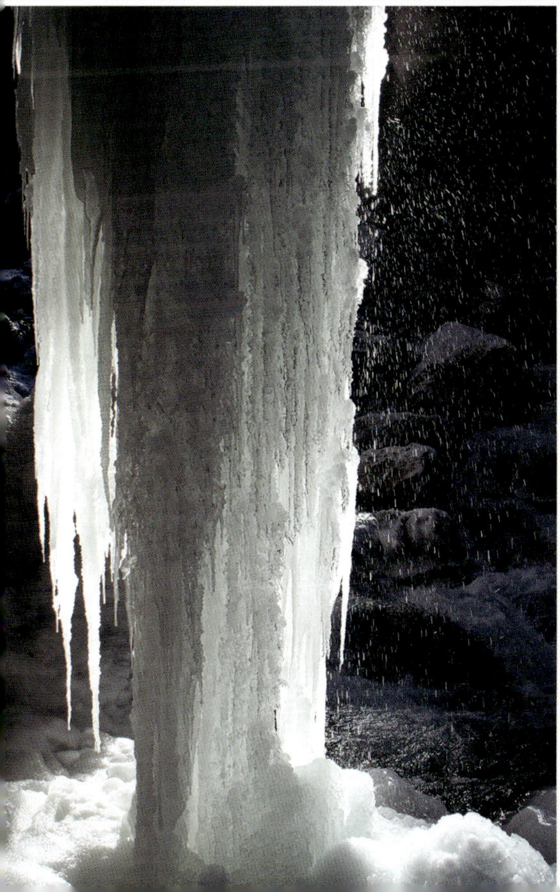

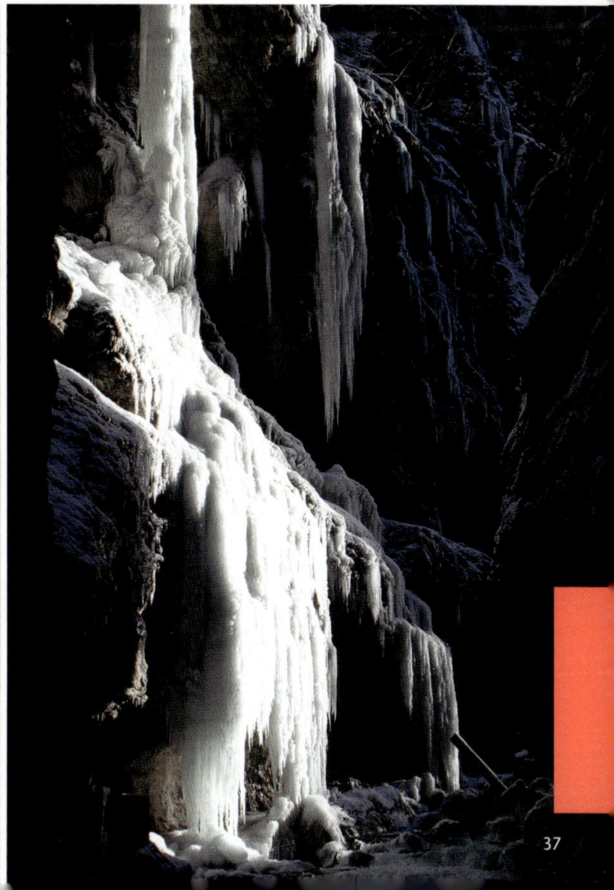

Blick von Garmisch-Partenkirchen zum Kramer

Aktivität	Bergwanderung
Gehzeit	2 Std.
Höhenmeter	200
Strecke	6 km

Route Skistadion Partenkirchen → Partnachklamm → Graseck → Hanneslebaur → Skistadion

Anfahrt

ÖVM Deutsche Bahn nach Garmisch-Partenkirchen. Vom Bahnhof mit den Buslinien 3, 4 oder 5 oder zu Fuß (Lagerhausstraße, Wannerweg, Pitzaustraße und Wanderweg am Bahngleis) zum Skistadion

Auto A95 und B2 nach Garmisch-Partenkirchen, von der Straße Richtung Mittenwald rechts zum Skistadion abzweigen (Wildenauerstraße)

Navigation N 47.482423°, E 11.117885°

Charakter Vom Skistadion führt ein geteerter Weg zum Eingang der Partnachklamm. Der aufregende Klammsteig ist mit Holzbrücken und Stahlseilen gesichert, festes Schuhwerk und adäquate Kleidung gegen die Feuchtigkeit sind angebracht. Nach dem Ausstieg aus der Klamm führt die Route über das Forsthaus Graseck und den Hanneslebaur zum Ausgangsort zurück.

Info Die Partnachklamm (www.partnachklamm.eu) ist im Sommer von 8–18 (19) und im Winter von 9–18 Uhr geöffnet und kostet 3,50 € Eintritt.

Karte Kompass-Wk 7 Wettersteingebirge, 1:50.000

und Nüssen und fünf Mokkafüllungen, die aus traditioneller deutscher Buttercreme zubereitet werden, zusammen.

Kaum widerstehen kann man auch den hervorragenden Baumkuchenfruchttorten und Baumkuchenspitzen, die ebenfalls seit Generationen im Hause Krönner hergestellt werden. Mal auf den Geschmack gekommen, deckt man sich im angrenzenden Shop noch mit Pralinen und Trüffel ein, die aus zum Teil selbst kreierter bio-zertifizierter Spitzenschokolade hergestellt werden. An heißen Tagen verlocken die hausgemachten Eisbecher mit frischen Früchten. Wenn das Wetter zu schön ist, wirkt die Garmischer Fußgängerzone manchmal wie ausgestorben. Das ist schlecht für den Cafébetrieb, deshalb wünscht sich Franz Krönner im Sommer einen regnerischen Morgen mit klarem Himmel im weiteren Tagesverlauf.

Café Krönner 🏠

Inhaber Tina und Franz Krönner
Konditormeister Franz Krönner

Adresse Achenfeldstr. 1, 82467 Garmisch-Partenkirchen

Telefon 0 88 21 - 30 07

E-Mail info@kroenner.com

Web www.kroenner.com

geöffnet Täglich 9–18.30 Uhr, in den Sommerferien bis 20 Uhr

Einkauf Regionale hochwertige Zutaten, teilweise bio-zertifiziert

Vegetarische Schmankerltipps Agnes-Bernauer-Torte (3,20 €), Baumkuchenfruchttorte (3,20 €), Apfelstrudel mit Vanillesoße (6,10 €), Ofenkartoffel mit Kräuterquark (5,50 €)

Agnes-Bernauer-Torte mit sechs Baiserböden und fünf Moccafüllungen. Franz Krönner bei der Herstellung eines Baumkuchens

KRÖNNERS MAKRONEN-TEEKONFEKT

Zutaten: 250 g Marzipan, 5 g Rum oder Kirschwasser, 3 Eigelb der Größe M (Medium), ¼ feinst abgeriebene Bio-Zitrone

Vorbereitung: 1 große Gabel, 1 Spritztüte mit Sterntülle (Größe 8), 1 Backblech mit Backpapier; zum Belegen: Haselnüsse, halbierte Mandeln, Walnüsse, Pistazien, kandierte Orangenschale in Streifen, halbierte kandierte Kirschen, kandierte Angelika in Rauten geschnitten; 3 frische Eier trennen, Ofen auf 175°C vorheizen

Zubereitung: Das Marzipan und die abgeriebene Zitronenschale in eine Schüssel geben. Eigelb und Rum nach und nach mit der Gabel in das Marzipan glatt einarbeiten. Mit der Spritztüte gleich große Tupfen auf vorbereitetes Blech aufspritzen. Tupfen mit Nüsse und kandierten Früchten belegen und leicht andrücken. Anschließend alles ca. 20 Min. auf 175°C goldgelb backen. Nach dem Auskühlen mit einer Spachtel vom Papier lösen.

Aktivität: Wanderung | Gastronomie: Schokoladen-Spezialitäten

Ein Jugendtraum aus Schokolade

Wanderung zwischen Loisach und Isar

Alexandra Steiner träumte bereits als junges Mädchen von einem eigenen Café. Nach dem Abitur studierte sie BWL und jobbte nebenbei in Cafés. Oder umgekehrt: Sie jobbte in Cafés und studierte nebenbei BWL. Jedenfalls dienten das Studium, das zwischenzeitliche Engagement bei Lufthansa und die Ausbildung als Konditorin bei Bodo Müller in München nur als Sprungbrett für die Verwirklichung ihres Lebenstraums. Heute sind ihre feinen Kuchen und Torten bis weit über die Grenzen Wolfratshausens hin bekannt. Und mit der Eröffnung des Boutique-Hotels hat sie sich gar einen zweiten Lebenstraum verwirklicht.

Von der Loisach bis zur Isar

Die Landhaus-Café-Geschichte begann 1999 mit der Idee, ein köstliches Schokoladenpulver aus Italien nach Deutschland zu importieren und daraus vorzügliche Getränke zu kreieren. Wer Alexandra Steiner heute in ihrem Landhaus-Café mit Leib und Seele bei der Arbeit sieht, der spürt, dass hier jemand mit sich und der Umwelt im Reinen ist. Arbeit ist Leben, Arbeit ist Spaß. Folglich hat das Café täglich von früh bis spät geöffnet.

Aktivität	Wanderung
Gehzeit	2 ½ Std.
Strecke	9 km

Route Wolfratshausen → Gelting → Isarbrücke → Wolfratshausen

Anfahrt

ÖVM S 7 nach Wolfratshausen

Auto B 12 nach Wolfratshausen oder A 95 Ausfahrt Wolfratshausen und über B 11 in die Stadt (Parkplatz am Landhaus Café Restaurant & Hotel)

Navigation N 47.914343°, E 11.426704°

Charakter Drei-Flüsse-Tour im Süden von Wolfratshausen: Unsere Route führt ohne Steigungen an Loisach, Loisach-Isar-Kanal und Isar entlang.

Wegweiser Entlang der Loisach den Radwegweisern (Achmühl u. a.) folgen, an Kanal und Isar Richtung Puppling

Karte Kompass-Wk 180 Fünfseenland, 1:50.000

Bei zweistelligen Minusgraden präsentiert sich die Loisach im bizarren Winterkleid.

Am Loisach-Isar-Kanal südlich von Wolfratshausen

Bei diesem Ausflug spielt es somit keine Rolle, ob wir uns vor oder nach der kleinen Wanderung hier zum Schlemmen einfinden. Vom Wolfratshausener Bahnhof wandern wir auf der Bahnhofstraße nach Süden und rechts auf dem Fußweg (Hammerschmiedweg) zur Wirtshaus Flößerei am Loisachufer. Hier halten wir uns links, überqueren die folgende Autobrücke und folgen links

Heitere Atmosphäre im hellen Wintergarten

den Radwegweisern aus der Stadt heraus. Besonders reizvoll offenbarte sich uns das Loisachtal an einem strahlend schönen Wintertag mit zweistelligen Minustemperaturen. Trotz Sonneneinstrahlung hielt sich der zentimeterdicke Rauhreif an den Ästen bis in die Mittagsstunden, und über der Wasseroberfläche dampften zarte Nebelschwaden.

Hinter der Unterführung der B 11 geht es an der Gabelung links über die Loisach und auf dem Bahnweg nach Gelting. Im Ort links bis zum Loisach-Isar-Kanal und rechts dem Kanalufer folgend bis zur Isar. Der Abschnitt im Isartal ist der landschaftliche Höhepunkt unserer Route. Der Wanderweg verläuft schön durch Wald flussabwärts bis zur Straße, Abstecher zu den Kiesbänken sind möglich. Hinter dem Ortsschild Wolfratshausen zweigen wir rechts von der Staatsstraße in die Isarstraße ab, dann gelangen wir über Nelken-

KÄSEKUCHEN À LA LANDHAUS

Teig: 200 g Mehl, ½ Pckg. Backpulver, 1 Ei, 125 g Margarine, 100 g Zucker. Verrühren

Füllung: 500 g Quark, 1 Pckg. Vanillesoßenpulver, 1 Ei, 4 EL Zucker. Verrühren und 1 kleine Dose Mandarinen unterheben

Belag: aus 150 g flüssiger Butter, 150 g Zucker, 3 Eigelb, ½ l Milch und 1 Pckg. Vanillepulver den Pudding kochen und den geschlagenen Eischnee (aus den 3 Eiern) unterziehen. Springform einfetten, mit Teig auslegen, Füllung verteilen und Belag oben drauf. Bei 160°C ca. 1 Std. backen

Landhaus Café Restaurant & Hotel 🏠

Inhaberin Alexandra Steiner

Adresse Sauerlacher Str. 10, 82515 Wolfratshausen

Telefon 08171-216570

Web www.landhauscafe.com

geöffnet Mo.–Sa. 7–0, So. 8–23 Uhr

Übernachtung 21 individuell eingerichtete Zimmer im Boutique-Hotel

Vegetarische Schmankerltipps Crêpe La Gouadaloupe mit Banane, Eis, Sahne, Mandeln, Schoko und Grand Marnier (6,90 €), Semmelknödelsalat Polka aus hausgemachten Semmelknödeln mit Frühlingszwiebeln und Essiggurken sowie frischem Schnittlauch, mit Essig-Öl-Vinaigrette sauer mariniert (6,80 €), Pad Thai mit Gemüse und Ei (7,90 €)

*Gefüllte Crêpes und Obst-
torten verwöhnen den
Gaumen. Es stehen aber auch
regionale und mediterrane
Köstlichkeiten auf der
Speisekarte.*

weg (nach gut 100 m halblinks abzweigend) und Mesnergassl (links) zur Sauerlacher Straße; letztere leitet uns in westliche Richtung zum Landhaus Café (ca. 500 m).

Die zarteste Versuchung, seit es heiße Schokoladen gibt

Der Eingang in das Café erfolgt durch den 2013 erweiterten Wintergarten, der mit seinem frisch verlegten Eichendielenboden, den Holzmöbeln und zwei Kaminen Wohlbehagen ausstrahlt. Mal sehen, ob uns die beiden etwas betagten Haustiere Rico und Felix begrüßen, ein Labrador und ein zutraulicher Kater. Die Einheimischen treffen sich hier in geselliger Runde gerne zum Frühstücken oder Brunchen. Wer später dran ist, gönnt sich etwas Herzhaftes oder erliegt der zartesten Versuchung, seit es heiße Schokoladen gibt. Denn diese sind im Landhaus-Café ein Gedicht, der Gast kann aus 30 verschiedenen Mixturen wählen. Ein Klassiker ist „Coatl", die aus dem Kultfilm „chocolat" bekannte originale Azteken-Schokolade. Außerdem gibt es eine Vielfalt an vegetarischen Gerichten und einige vegane Spezialitäten. Sehr gut schmecken auch die verschiedenen Crêpe-Variationen und die großen frischen Salatteller.

Gasthäuser &
Lokale

Aktivität: Wanderung | Gastronomie: leichte, feine Biokost

Natur, die man schmecken kann

Wanderung im Isartal

Zwischen Grünwalder und Großhesseloher Brücke zeigt sich die Isar trotz der Stadtnähe zu München bereits von ihrer ursprünglichen Seite. Mit jeder Überschwemmung verändert sich ihr Kiesbett, auch die heimische Flora ist einem steten Wandel unterzogen. Für Naturliebhaber ist es ein wahres Vergnügen, diesen schönen Abschnitt an beiden Flussufern zu durchwandern. Am besten in Kombination mit einer Einkehr im Alten Wirt im Zentrum von Grünwald. Denn dort greift die Wirtsfamilie Portenländer für die Zubereitung der Speisen ausschließlich auf Bio-Produkte zurück. Zahlreiche Auszeichnungen, darunter von „Tierschutz auf den Teller", stellen der Küche ein hervorragendes Zeugnis aus.

Aktivität	Wanderung
Gehzeit	3 Std.
Strecke	11 km

Route Grünwald → Großhesseloher Brücke → Grünwalder Brücke → Grünwald

Anfahrt

ÖVM Von München S 7 Höllriegelskreuth oder Straßenbahn ab Wettersteinplatz

Auto B 12 Richtung Wolfratshausen, in Höllriegelkreuth nach Grünwald abzweigen; Grünwalder Straße vom Wettersteinplatz stadtauswärts

Navigation N 48.040002°, E 11.52277°

Charakter Das Isartal kann auf einer Vielzahl von kleineren und größeren Wegen erschlossen werden. An Großhesseloher Brücke und nach Grünwald sind kurze Steigungen zu bewältigen. Vor allem am Ostufer ist durch Bäume reichlich Schatten vorhanden.

Karte Kompass-Wk 180 Starnberger See Ammersee, 1:50.000

Weitläufige Kiesbänke am Ostufer der Isar nahe der Großhesseloher Brücke

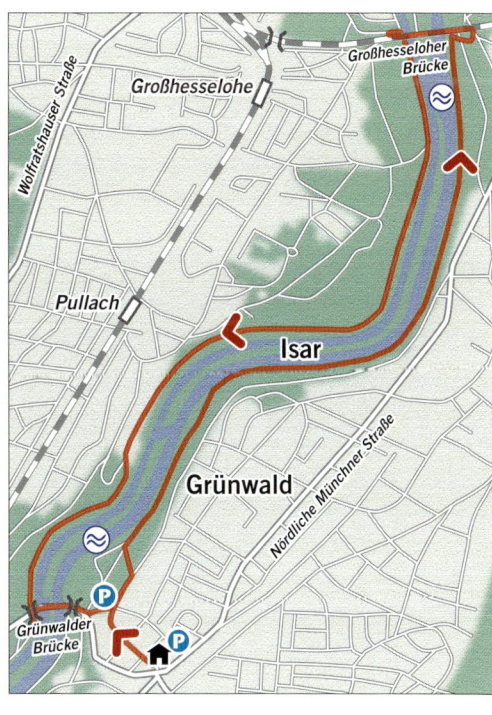

Teilweise führt der Wanderweg direkt an die malerische Isar heran.

Sommerliches Ambiente im schönen Gastgarten

Auf Entdeckungstour im Isartal

Vor oder nach der Tour lohnt ein Spaziergang im Isartal. Vom Alten Wirt geht es über den Marktplatz auf der Rathaus- und Zeillerstraße an der Grünwalder Burg vorbei zur Wegabzweigung in das Isartal. Dort kann man wahlweise auf dem breiten Hauptweg, auf Trampelpfaden oder im Kiesbett das Gelände erkunden. Nach Stürmen lässt das Wasserwirtschaftsamt das Holz umgestürzter Baumstämme liegen, wodurch verschiedene Käferarten oder bei Überflutung auch kleinere Fische wertvolle Nischen finden. Im Zuge der Renaturierung wurden Teilabschnitte vor wenigen Jahren von überflüssigen Betonstufen befreit. Somit können die Fische endlich wieder gegen den Strom schwimmen.

Die Großhesseloher Brücke – eine reine Eisenbahn- und Fußgängerbrücke – wird auf einem Treppensteig erklommen. Von oben genießt man den imposanten Tiefblick auf das Kies- und Badeplateau. Nach Überquerung hält man sich rechts und wandert auf dem Teerweg zurück in das Isartal. Dann geht es zunächst auf Kies-, später auf Teerwegen südwärts. Abschnittweise kann auf malerische Wurzelsteige durch das Unterholz ausgewichen werden. Hinter der Grünwalder Brücke steigt man rechts auf dem Pfad zur Brücke empor und nach deren Überquerung auf dem Flößersteig steil über Treppen nach Grünwald zurück.

Naturnahe Zutaten für gesundes Essen

Der ökologische Gedanke hat sich bereits seit vielen Jahren tief im Bewusstsein von Carola und Ulli Portenlänger verankert. Und die Erkenntnis, dass jeder bei sich selbst anfangen muss, um die Zukunft der Kinder- und Enkelgeneration so angenehm wie möglich zu gestalten. Der Grundgedanke war, dass ihre drei Kinder Jakob, Theresa und Xaver mit gesundem Essen aufwachsen sollten. Da sich mit der Umstellung auf Biokost die Herkunft der Ware stets zurückverfolgen lässt, ist das Vertrauen zu den Lieferanten stets gewährleistet. Herzhaftes Brot, frisches Gemüse, Fleisch- und Wurstwaren vom Biometzger und Weine aus ökologischem Anbau werden übrigens im eigenen Naturkostladen verkauft.

Hochwertige Ware bedeutet jedoch auch höhere Kosten. Um einen Preisanstieg der Speisen zu vermeiden, setzt Ulli Portenländer auf etwas kleinere Fleischportionen. Wobei der spezielle Hinweis nicht fehlen soll, dass der Gast bei entsprechendem Appetit selbstverständlich kostenlos nachordern darf. Mit diesem durchdachten Konzept schafft sich der Alte Wirt viele Freunde.

Die Auswahl an vegetarischen Gerichten ist groß, die leichte feine Küche kommt bei den Gästen gut an. Das Kürbisrisotto mit kandierter Birne und Gorgonzola etwa schmeckt sehr delikat. Auch fast vergessenes Gemüse wie Pastinake oder Schwarzwurzel wird als belebendes Element der heimischen Küche mit verarbeitet. Als Fischoder Fleischgericht kommt zum Beispiel ein im Ganzen gebratener Saibling mit Sommergemüse und Kräuterkartoffeln oder ein Lammragout mit geschmorten Karotten, Topinambur und Cremoulata, als Dessert eine pochierte Birne mit Schokoladen-Ingwerreis und Sesamkaramell in Frage. Man tafelt wahlweise in den geschmackvoll eingerichteten Innenräumen oder auf der Gastgartenterrasse unter alten Kastanienbäumen.

Alter Wirt 🏠

Inhaber Carola und Ulli Portenländer
Küchenchef Karsten Bessai

Adresse Marktplatz 1, 82031 Grünwald

Telefon 089 - 641 93 40

E-Mail info@alterwirt.de

Web www.alterwirt.de

geöffnet Mo.–Sa. 12–14.15 und 18.30–21.30 Uhr, So. 12–21 Uhr

Einkauf Ausschließlich von zertifizierten Bio-Betrieben größtenteils aus der Region (Liste im Internet)

Übernachtung 50 meist baubiologisch renovierte Zimmer

Vegetarische Schmankerl Sauerampfersuppe mit Mascarpone (5 €), Gemüseburger – gegrilltes Gemüse, Avocado, Sauerrahmdipp, Blattsalat (9 €), Grünkernrisotto, gebratenes Gemüse, Allgäuer Hartkäse, Rucola (13 €)

Schmankerltipps für Flexitarier Kräutersalat, feine Filetspitzen vom Maibock, Rhabarber, Minze (21 €), Wagner's Saibling, Rote-Rüben-Apfelgemüse, Kartoffelstampf, Nussbutter (19 €)

Die Wirtschaft mit Barbereich und Durchreiche zur Küche, durch die wir zum Beispiel beobachten können, wie die Köche den vegetarischen Mittagsimbiss zubereiten.

Aktivität: Radtour | Gastronomie: bio, aktiv, regional, saisonal, original

Wildkräuter-Bistro mit Vitalität

Radtour von München über Grünwald nach Ottobrunn

„Wenn es Dir gelingt, den Lesern das hässliche Ottobrunn schmackhaft zu machen, dann gerne", scherzte der SZextra-Redakteur im Hinblick auf mein Vorhaben, das Bareso als Ausflugstipp vorzustellen. Also bitte: Wer vom Münchner Zentrum das renaturierte Isartal nach Süden radelt, im Grünwalder Forst das Walderlebniszentrum passiert, zwischen Deisenhofen und Taufkirchen am Hachinger Bach entlang pedalt und auf der aufgelassenen Landebahn des Neubiberger Flughafens direkt nach Ottobrunn steuert, der genießt den Ausflugstag in vollen Zügen. Und über die gleichermaßen schmackhafte wie gesunde Wildkräuter-Bistro-Küche gibt es keine zwei Meinungen.

Zwei Flüsse, ein Forst, ein Flughafen ...

Startpunkt der Radtour ist der Innenhof des Deutschen Museums. Die Orientierung ist denkbar einfach: Wir fahren stets am Ostufer der Isar über Flaucher und Tierpark Hellabrunn flussaufwärts. Mit jedem Kilometer nimmt der anfangs rege Radverkehr ab, und südlich der imposanten Großhesseloher Brücke sind die Isarauen nach Unwettern durch Murenabgänge etwas in Mitleidenschaft gezogen. Noch vor Erreichen der Grünwalder Brücke stoßen wir auf die Radl-Ring-Route, die in einer steilen Kehre zum Grünwalder Schloss emporzieht. Im Ortskern folgen wir der Oberhachinger Straße ein Stück weit bergauf und steuern rechts auf der Laufzorner Straße in den Grünwalder Forst. Im Schatten spendenden Wald ist das Walderlebniszentrum unser nächstes Ziel, dann geht es gut beschildert zum Deisenhofener Bahnhof.

Von Deisenhofen folgen wir den Radwegweisern nach Taufkirchen. Dabei geht es zwischendurch am Ufer des Hachinger Baches entlang, der vom Grundwasser gespeist als einziger Fluss des Alpenvorlands seine Quelle in der Schotterebene – sogar direkt bei Deisenhofen! – hat und insgesamt zwölf Kilometer oberirdisch fließt. Auf dem Leitenweg gelangen wir zuletzt rechts haltend zum Naturbad Furth, bevor uns der Pöttinger Weg an Hachinger Bach und Feuchtwiesen entlang nach Taufkirchen leitet. Vis-à-vis der Pfarrkirche St. Johannes der Täufer und des Heimathauses Der Wolfschneiderhof führt der Winninger Weg ostwärts zur Dorfstraße (hier links abbiegen), die später in den Oberweg übergeht.

In Unterhaching (links in die Ottobrunner Straße) münden wir am Hachinger Bach in den Landschaftspark Hachinger Tal, ein Naherholungsgebiet auf dem ehemaligen Neubiberger Militärflughafen. Der Radweg verläuft auf der Start- und Landebahn durch weitläufige Wiesen mit schönem Panoramablick Richtung Alpen. Am östlichen Parkrand halten wir uns links und steuern auf dem Pfarrer-Sickinger-Weg zum Umweltgarten Neubiberg, der als naturnahes Ökogelände mit heimischen Tieren in den 1980er Jahren gegründet wurde.

Vom nahen Bahnhof fahren wir an den Gleisen südwärts, biegen rechts in die Bahnhofstraße, hinter dem Ortsschild „Ottobrunn 0,3 km" links in den Wald und steuern auf der Friedenstraße zur Putzbrunnerstraße, wo wir wenige Meter links haltend das Bistro Bareso erreichen. Nach der Einkehr folgen wir der Putzbrunnerstraße ostwärts und gelangen am Bahndamm rechts zum Ottobrunner S-Bahnhof.

Bioaktiver Hochgenuss

Annette Nagel glaubt nicht an Zufälle. Somit ist es Vorbestimmung gewesen, dass sich im Jahr 2008 die Wege der Ernährungswissenschaftlerin und des Kräuterpädagogen Sebastian Viellechner im Rahmen einer geführten Kräuterwanderung gekreuzt haben. Und sich ihr Bewusstsein und ihr Leben daraufhin abrupt änderte. Denn zwei Jahre später sollte sie die Ausbildung zur Kräuterpädagogin abschließen, um wiederum zwei Jahre

später zusammen mit ihrem Mann Franz ein Bistro zu gründen. Das bedeutete für sie ebenso viel Neuland wie für den Küchenchef Werner Jetzinger, der anfangs leicht verdutzt aus einem Berg Brennnessel eine Lasagne zaubern und den Giersch in die Semmelknödel einarbeiten sollte. Und als er rief: „Brauche Pizzateig!", bekam er als Antwort: „Selber machen!"

Ein Bistro mit sechs Buchstaben, und jeder Buchstabe ergibt einen Sinn: Das B steht für Bio, das A für aktiv, das RE für regional, das S für saisonal und das O für original. Letzteres bedeutet, dass das komplette Essen in der eigenen Küche sorgfältig und ganzheitlich zubereitet wird. Dass ein Mittagsgericht trotz der hohen Produktqualität zum Einheitspreis von nur 8,50 Euro zu haben ist, schafft Annette Nagel durch ihre freitägliche Einkaufstour bei den regionalen Erzeugern, wodurch die übliche Handelsmarge wegfällt. Für reichlich kulinarische Abwechslung ist auch gesorgt:

Radeln im Isartal kurz vor Erreichen der Flaucherbrücke

Aktivität	Radtour
Fahrzeit	3 Std.
Höhenmeter	150
Strecke	37 km

Route München (Deutsches Museum) → Grünwald → Deisenhofen → Neubiberg → Ottobrunn

Anfahrt

ÖVM Sämtliche Münchner S-Bahnlinien halten am Isartor, von dort über Zweibrückenstraße zum Deutschen Museum. Rückfahrt von Ottobrunn mit der S 7

Auto Nicht zu empfehlen, ggf. im Münchner Zentrum Parkzonen beachten

Navigation N 48.130065°, E 11.583967°

Charakter Im Isartal einige kleinere und ein längerer Anstieg nach Grünwald, später verläuft die Strecke erholsam durch den Münchner Südosten.

Wegweiser Bis Grünwald Radschilder Richtung Wolfratshausen und Grünwald, zwischen Grünwald und Neubiberg Schilder „RadlRing München"

Karte ADFC-Regionalkarte München / Alpenvorland, 1:75.000

Landschaftspark Hachinger Tal mit Start- und Landebahn des ehemaligen Militärflughafens …

… und Erfrischungs- bereich am Hachinger Bach

*Gemüsequiche und
Powerkekse im Bareso*

„heimlich" von der Vitalküche kosten und dann am Wochenende ihre skeptischen Ehemänner mitbringen. Damit etwaige Hemmschwellen wegfallen, erläutert Annette Nagel ihren Gästen gerne Hintergrund und Wirkung der verwendeten Zutaten. Durch die ungezwungene Kommunikation herrscht sowohl im Innenraum als auch auf der Terrasse eine angenehme und entspannte Atmosphäre.

Montag ist Gemüse-Tag, Dienstag Nudel-Tag, Mittwoch Getreide- und Co-Tag, Donnerstag Pizza- und Wrap-Tag, Freitag der kleine Fleisch-Fisch-Tag, Samstag der Kartoffel-Tag und sonntags gibt es spezielle Kost. Sehr beliebt sind auch die hausgemachten Brote, die Saftparade, die Suppen, und das Abendmenü, das täglich neu festgelegt wird. Bei der Kreation der Speisen sind der Phantasie keine Grenzen gesetzt: Die Mozzarellakugeln in Radisienblätterpesto sind mit Löwenzahnblüten garniert, die Dinkelbandnudeln werden mit Brennnesselsauce verfeinert, beim „Etagère" werden Gemüsesticks, Käse und Aufstrich mit Wein serviert und zum Cappuccino mit Milchschaumblüten gibt es einen grünen Marmorkuchen.

Das Bareso-Konzept geht auf – dank der experimentierfreudigen Frauen, die mittags

Bareso 🏠

Inhaber Annette und Franz Nagel
Küchenchef Werner Jetzinger

Adresse Putzbrunnerstr. 13, 85521 Ottobrunn

Telefon 089-66508280

E-Mail info@bareso.eu

Web www.bareso.eu

geöffnet Mo.–Sa. 7–22, So. 9–22 Uhr

Einkauf Transparente Infos über Produktion und Verarbeitung der Lebensmittel siehe Website, z.B. EPOS Biopartner (Getränke, Milchprodukte, Backwaren, Frucht und Gemüse); Marklhof, Hohenbrunn (Kartoffeln); Salubrium, Bad Aibling (frische Kräuter); Gorreana Tea (Azoren)

Vegetarische Schmankerltipps Brennnesselsuppe (5,50 €), mariniertes Gemüse mit Ziegenkäse (8,50 €), Gemüsequiche (8,50 €), Ofenkartoffel mit Salat und Wildkräuterfrischkäse (je 8,50 €)

Aktivität: Wanderung | Gastronomie: Handgemachte Lebens-Mittel in ökologischer Qualität

Im Lebens-Mittel-Paradies

Wanderung im Brucker Moos

Bei Herrmannsdorfer ist der Begriff „Lebens-Mittel" kein zusammengesetztes Substantiv, sondern eine mit Bindestrich versehene Philosophie: Die „Mittel zum Leben" basieren ausschließlich auf der Verwendung hochwertiger Produkte, wahlweise selbst entwickelt oder von verlässlichen Lieferanten bezogen. Das Gut Herrmannsdorf gleicht einem kleinen Dorf, in dem rund um den zentralen Biergarten Landwerkstätten, Stallungen und in der Nordscheune das Wirtshaus zum Schweinsbräu anzutreffen sind.

Ein Kunstwerk aus Hinkelsteinen macht auf bedrohte heimische Tierarten aufmerksam.

Blaue Blume, Tier-Mementum, Moosach-Auen

Vom Wanderparkplatz passieren wir das Herrmannsdorfer Areal und stoßen an den kleinen Fischweihern auf den „Labyrinthberg", eine von insgesamt 14 Stationen des Projekts „Kunst geht in die Natur". Weiter nordwärts folgt „Die Blaue Blume" von Heinrich von Ofterdingen: Ein Holzwegweiser leitet uns als kurzer Abstecher zu einem von Mini-Hügeln umsäumten Biotop. Wer im Sommer die blau blühende Jungfer im Grünen, eine aus dem Mittelmeer eingeführte Schwarzkümmel-Gattung, nicht findet, muss sich

mit dem blauviolett blühenden Wiesen-Storchschnabel oder der Kornblume zufrieden geben. Kurz darauf erreichen wir auf dem Hauptweg die 1996 von Hansjörg Voth errichtete Skulptur „Arche", die an in Bayern gefährdete oder ausgestorbene Tiere erinnert. Die obeliskartigen Steine sind sorgfältig nach Tierarten und Gruppen sortiert beschriftet.

Nach Passieren eines Waldstücks stoßen wir auf eine Teerstraße, die uns rechts über den Weiler Eichtling in die Moosach-Auen hinabführt. Nach der Straßenserpentine zweigen wir vor einer Holzhütte rechts in einen breiten Kiesweg ab, der sich kurz darauf teilt: Wir folgen nicht der Haupttrasse in den Wald, sondern links haltend dem am Waldrand entlangführenden Karrenweg, der sich vorübergehend im Gras verliert und später wieder deutlich sichtbar wird.

Der „Labyrinthberg" liegt unmittelbar am Rand der Herrmannsdorfer Landwerkstätten.

Nach einer Linksschleife lohnt der kurze Abstecher zur Brücke, die über die Alte Moosach führt; der ruhige Bach ist ein Ableger des Moosach-Hangkanals. Wir münden in eine Teerstraße, die uns rechts über Kleinrohrsdorf und Gailling nach Herrmannsdorf zurückführt.

Aktivität	Wanderung
Gehzeit	3 Std.
Höhenmeter	60
Strecke	6 km

Route Herrmannsdorf → Eichtling → Kleinrohrsdorf → Herrmannsdorf

Anfahrt

Auto A 99 Ausfahrt Ottobrunn, St 2078 nach Höhenkirchen-Siegertsbrunn, M 10 nach Egmating, EBE 14 nach Glonn, im Ort geradeaus (St 2079) bis zum Abzweig Herrmannsdorf, großer beschilderter Parkplatz

Navigation N 47.99209°, E 11.89932°

Charakter Ruhige und gemütliche Rundtour ohne größere Höhenunterschiede; wenig Schatten auf der Strecke

Wegweiser So gut wie keine vorhanden

Karte Kompass-Wk 181 Rosenheim, 1:50.000

Biergarten und Schweinbsräu-Wirtshaus

Wer am ersten Sonntag der Monate Juni bis September unterwegs ist, wird von den Klängen des Jazz-Frühschoppens automatisch in den Biergarten geleitet. Während sich die Vegetarier mit Salaten und der wenig phantasievollen Kombination „Breze mit Obatz'da" begnügen müssen, kommen Fleischesser hier mit der Haus-Spezialität Pastrami auf ihre Kosten: Der warme Rinderschinken – zuvor im Natur-Rauchhaus schonend mit Buchensägemehl geräuchert und in einem pikanten Gewürzmantel gepökelt – wird nach New Yorker Art „à la Katz" dünn aufgeschnitten. Die herzhafte Bratensülze aus selbstgekochter Schweinegelatine mit fein geschnittenem Schweinebraten und würziger Essignote wird in der Spezialitäten-Küche hergestellt. Das Fleisch stammt von jenen „glücklichen Schweinen", die als Ferkel erst nach acht Wochen von der Muttersau getrennt werden und auf dem Gelände frei herumlaufen. Unter den üblichen Tier- und Strohgeruch mischt sich der Duft von Spareribs, frisch gebackenem Leberkäse und diversen

Das Schweinsbräu bietet mit der Tenne einen stilvollen Rahmen zum Essen.

Herrmannsdorfer Landwerkstätten

Geschäftsführer Karl Schweisfurth
Küchenchef Thomas Thielemann (Schweinsbräu)

Adresse Herrmannsdorf 7, 85625 Glonn

Telefon 08093-909445 (Schweinsbräu)

E-Mail glonn@herrmannsdorfer.de

Web www.herrmannsdorfer.de

geöffnet
• **Biergarten** bei schönem Wetter Sa. / So. / Fei ab
  11 Uhr (Wetter-Hotline: Tel. 08093-909459)
• **Schweinsbräu** Mi.–So. 12–14 und 18–1 Uhr

Einkauf Gemüse und Fleisch stammen aus der eigenen
Gärtnerei (im Winter Zukauf über den Bio-Großmarkt)
sowie aus eigener Zucht und artgerechter Tierhaltung
benachbarter Bauern.

Schmankerltipp für Flexitarier (Schweinsbräu):
Menü: Amuse Gueule; mediterraner Gemüsesalat
(Artischocken, Avocado, Ofentomaten) mit marinier-
ten Wildlachs-Scheiben und grüner Soße; knuspriger
Krustenbraten von unseren Schweinen mit Abensberger
Spargel und Kartoffelrösti, dazu Natursoße; gratinierte
Creme aus gutem Rahm und Eiern mit Erdbeeren und
Sorbet (45,50 €)

Vegetarischer Schmankerltipp (Biergarten):
Frischer Salatteller (groß) mit Semmel oder Brot
(5,90 €)

Schmankerltipps für Flexitarier (Biergarten):
Porchetta-Burger – Lende mit Kräutern, Meersalz und
Schweinebauch umwickelt (4,40 €), feine Pastrami mit
Salat nach Wahl und Brot (11,90 €)

Bratwürsten. Den nachmittäglichen Kuchen kann
man auch in der angrenzenden Kaffee-Werkstatt
mit Rösterei genießen (geöffnet 10–17 Uhr). An
Wochenenden finden zweistündige Führungen
durch die hofeigene Metzgerei, Bäckerei, Brauerei
und Käserei statt.

In der Nordscheune der Landwerkstätten be-
reitet Küchenchef Thomas Thielemann auf der
Basis der Herrmannsdorfer Philosophie seit zwei
Jahrzehnten authentisch schmeckende Gerichte
zu. Um den Eigengeschmack eines Produkts her-
vorzuheben, kann der Krustenfettanteil beim
Schweinsbraten schon einmal höher ausfallen
als es der Gast gewohnt ist. Die ganzheitliche
Verwertung der geschlachteten Tiere inklusive
der Innereien ist ihm wichtig, auf exotische
Spezialitäten legt er weniger Wert. Auch in der
Spitzengastronomie meist verschmähte Zutaten
wie Steckrüben oder Sauerampfer baut er in seine
Gerichte mit ein. Unter dem Holzgebälk der
hohen Tenne kann der Gast den Abend stilge-
recht ausklingen lassen.

Aktivität: Radtour | Gastronomie: bayerisch-mediterran, vorwiegend ökologisch

Rosmarinduft an Wallfahrtskirche

Radtour durch den Ebersberger Forst

Der Ebersberger Forst zählt mit einer Fläche von 9000 Hektar zu den größten zusammenhängenden Wäldern Deutschlands. An heißen Sommertagen ist die Motivation nicht groß, die Frische des Waldes gegen die Hitze an den der Sonne ausgesetzten Feldern rund um Forstern zu tauschen. Zumal im Forst mit Hohenlindener Sauschütt und Forsthaus St. Hubertus gleich zwei schöne Biergärten zur Einkehr laden. Wer sich jedoch mit der typisch deftigen Biergartenkost nicht zufrieden gibt, wird den kulinarischen Abstecher zum mediterran kochenden Wirtshaus Tading als Bereicherung ansehen.

Da der Ebersberger Forst vom S-Bahnhof Kirchseeon nur rund einen Kilometer entfernt ist, taucht man rasch in den vorwiegend aus Fichten bestehenden Wald ein. Angenehm wirkt sich aus, dass die Radroute bis zur Hohenlindener Sauschütt von Anfang an gut beschildert ist. Im Südosten, zwischen Kirchseeon und Egglburger See, ist der Wald recht hügelig, folglich müssen einige Anstiege bewältigt werden. Richtung Norden hingegen flacht das Gelände rasch ab, die Forstwege werden immer geradliniger.

Über die Sauschütt nach Tading

Allein der Forstweg Ludwiggeräumt zieht sich auf gut vier Kilometer kerzengerade hin. Auf halber Strecke passiert man die Hohenlindener Sauschütt mit ihrem Rot-, Dam- und Schwarzwildgehege; auch der Waldlehrpfad beginnt dort. Am Waldrand überquert man die B 12, folgt der Straße in Richtung Neumühlhausen und biegt die zweite Straße nach rechts ab. Von Preisendorf führt die Kreilinger Straße über Kreiling nach

Im Ebersberger Forst ist nur die Passage am Forsthaus Hubertus asphaltiert.

Wetting. Nach kurzer Abfahrt erreicht man den Ortsrand von Forstern und steuert von dort in das benachbarte Tading.

Mediterrane Kost mit bayerischer Wurzel

Das Wirtshaus Tading steht so dicht an der barocken Wallfahrtskirche Mariä Himmelfahrt, als wolle es sich an sie anschmiegen. Auch im Biergarten, den nebst anderen eingewachsenen Bäumen eine 200 Jahre alte, unter Naturschutz stehende Akazie ziert, ist das Gotteshaus allgegenwärtig. Ein lauschig-windgeschütztes Plätzchen, das von elf Uhr bis Sonnenuntergang teilweise von der Sonne verwöhnt wird. Kehrt man abends ein, muss man für die spätere Rückfahrt im Ebersberger Forst entweder auf die langen Sommertage oder das funktionierende Licht am eigenen Rad vertrauen.

Noch delikater schmeckt das Essen im Restaurant, wo man auch vegetarische Schmankerl wie Gemüselasagne oder Pfifferlinge auf Tagliatelle

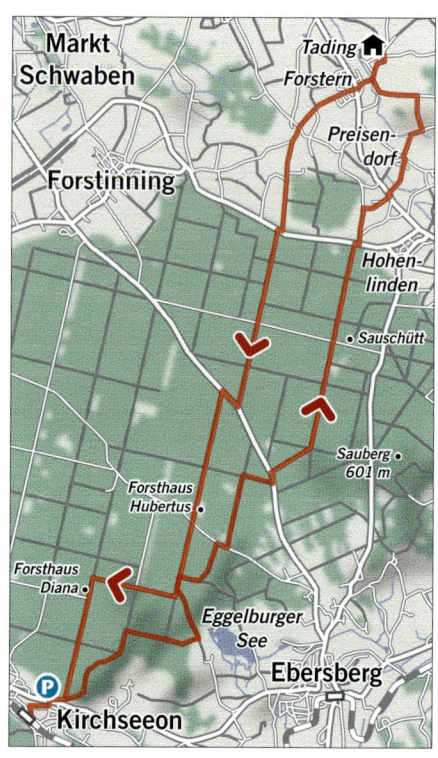

Heimwärts radeln Richtung Kirchseeon

und Gerichte wie Carpaccio vom Biorind oder Vitello tomato vom Biokalb bestellen kann. Die sauren Zipfel, Bratwürst in Zwiebelsud bringt die Pächterin Angela Gilow-Köhler aus ihrer Heimat, dem Nördlinger Ries, mit. Der Bio-Burger vom Aubrac-Rind ist mit Münchner-Kindl-Bio-Senf gewürzt. Alternativ bestellt man den im Ganzen gegrillten Saibling. Gemüse und Fleisch stammen

Aktivität	Radtour
Fahrzeit	3 Std.
Höhenmeter	200
Strecke	39 km

Route Kirchseeon → Sauschütt → Tading → Forsthaus St. Hubertus → Forsthaus Diana → Kirchseeon

Anfahrt

ÖVM Mit der S 4 von München nach Kirchseeon

Auto Von München auf der Wasserburger Landstraße (B 304) stadtauswärts über Haar und Zorneding

Navigation N 48.074753°, E 11.88961°

Charakter Gut zwei Drittel der Strecke verläuft auf gepflegten Kieswegen im Ebersberger Forst, wobei im südlichen Teil des Waldes kleinere Anstiege zu bewältigen sind. Ebenso leicht hügelig, allerdings weitgehend baumfrei zeigt sich die Agrarlandschaft rund um Tading.

Wegweiser Zwischen Kirchseeon und Sauschütt gelbe Radschilder bzw. gelbe Richtungspfeile; auf dem Rückweg im Forst Radschildern nach Kirchseeon folgen

Karte ADFC-Rk München / Alpenvorland, 1:75.000

Am frühen Sonntagmittag sind noch genügend Plätze frei.

Wirtshaus Tading ⌂

Inhaberin Angela Gilow-Kohler
Küchenchef Andreas Kohler

Adresse Pfarrer-Huber-Str. 4, 85659 Tading

Telefon 0 81 24 - 71 04

E-Mail post@wirtshaus-tading.de

Web www.wirtshaus-tading.de

geöffnet Mi.–So. ab 18 Uhr, So. und feiertags
zusätzlich 11.30–14.30 Uhr

Einkauf Naturlandhof Brandl, Reithofen (Naturkost,
Milchprodukte, Eier, Rindfleisch); Metzgerei Bruck-
meyer, Nördlingen (Rieser Bratwurst)

Vegetarische Schmankerltipps Gemüselasagne mit
Biosalat (8,50 €), vegetarischer Vorspeisenteller (11 €),
Beeren-Käsetarte (4,50 €)

Schmankerltipp für Flexitarier Geräucherte Rieser
Bratwurst mit Tomate und Gurke (6,50 €)

grundsätzlich vom benachbarten Ökobauern oder von der einheimischen Metzgerei.

Küchenchef Andreas Kohler kocht gerne nach provenzalischen und italienischen Rezepten, er würzt mit Rosmarin und anderen mediterranen Kräutern. Viele Gäste lassen sich mit dem mehr-gängigen Menü verwöhnen, ein feines Dessert wie Buchweizencrêpe mit Waldbeeren kommt somit automatisch auf den Tisch. Insgesamt ist das Essen für diese ländliche Gegend über-raschend vielseitig.

Rückweg über zwei Forsthäuser

Vom Wirtshaus fährt man nach Forstern und biegt im Ort nach Karlsdorf und dort nach links in die Forststraße nach Neupullach ab. An der B 12 führt leicht versetzt die Kapellengeräumt zu-rück in den Forst. Die kleine Kapelle liegt an der diagonal durch den Wald führenden Straße, der man gut 400 Meter nach rechts folgt. Dann fährt man hinter dem Wildgatter der Hohenlindener Grenzgeräumt zum Forsthaus St. Hubertus, dessen Biergarten zum Verweilen einlädt.

Im vier Kilometer entfernten Forsthaus Diana ist eine Köhlerei untergebracht, in der wie früher Holzkohle hergestellt und verkauft wird. Infolge diverser Sturmschäden liegt das dafür benötigte Holz tonnenweise auf dem Waldboden zur Ernte bereit, Wälder müssen somit im Gegensatz zu früher nicht mehr gerodet werden. Der Rückweg nach Kirchseeon ist vom Forsthaus nicht mehr weit.

Feine Beeren-Käsetarte im Sonnenlicht

Aktivität: Wanderung | Gastronomie: orientalisch, frischer Fisch

Der Orient lässt grüßen

Wanderung zwischen Wasserburg und Attel

Wie ein Hufeisen schmiegt sich der Inn um die Altstadt von Wasserburg. An seiner engsten Stelle wurde im Mittelalter die Innbrücke errichtet, um den Zugang zur Stadt das ganze Jahr über zu gewährleisten. Von der Brücke zeigt sich die sehenswerte Innfront mit dem mächtigen Brucktor und der Burgfassade im Hintergrund. Flussaufwärts taucht hinter der Kapuzinerinsel das Innwerk auf. Mit der Burg und dem Stauwehr sind bereits zwei wichtige Orientierungspunkte für die gut sieben Kilometer lange Wanderung nach Attel genannt. Dort krönen wir den gemütlichen Inn-Spaziergang mit der Einkehr in der orientalisch geprägten Wunderlampe.

Wechselvolle Stimmungen am Innufer

Vom Parkplatz zwischen Landwehrstraße und Innufer ist die Innbrücke rasch erreicht. Wir wandern durch das Brucktor in die Altstadt und steigen links auf der Schmidzeile zur Burg empor. Gegenüber der Pfarrkirche St. Jakob zweigt an einem kleinen Park links der Treppensteig zum Innufer ab. Dort gehen wir auf schmalem Pfad an der eindrucksvollen Burgmauer entlang südwärts. Am Wegesrand reifen im Sommer Mirabellen und Himbeeren heran. Weiter südlich ist das 1986 stillgelegte Gleis der Bahntrasse fast vollständig von Gestrüpp überwuchert. Das Hochwasser hatte der Bahnlinie mehrmals zu schaffen gemacht, weshalb man beschloss, den Bahnhof von Wasserburg an den Stadtrand zu verlegen.

Obwohl das Frühwarnsystem bezüglich eines drohenden Hochwassers heute gut funktioniert, ist die Altstadt während der Schneeschmelze und nach starken Regenfällen nach wie vor gefährdet. Erreicht der Wasserpegel 420 Zentimeter, schrillen die Alarmglocken: Uferstraßen werden gesperrt und unser Wanderweg nach Attel geht auf Tauchstation. Bei knapp acht Metern schwappt das Innwasser gar in die Altstadt. Wenn der Fluss nicht extremes Hochwasser führt, kann das Innwerk durch Schließen einzelner Schleusen den Wasserstrom regulieren.

Hinter dem Innwerk wird der Flusslauf immer breiter und scheint im Wehrbereich gar zu einem Stausee zu mutieren. Der Wanderweg verabschiedet sich vom Hauptfluss und taucht in Nähe eines schilfumsäumten Seitenarms des Inns in die üppige Botanik des Flusstals ein. Nach Passieren eines kleinen Waldstücks kann man wahlweise auf dem Inndamm oder parallel dazu auf dem Fahrweg weiterwandern. Unterhalb des Ortes Attel mündet der gleichnamige Fluss in den Inn. Nach einer Wegbiegung stehen wir unmittelbar vor dem Gasthof Fischerstüberl.

Speisen in orientalischem Ambiente

Wer als Alternative zur gepflegten bayerischen Küche in exotischem Flair tafeln will, ist in der Wunderlampe im Obergeschoss bestens aufgehoben. Allerdings beleuchtet der Schein der Lampen die acht kleinen Tische und die schönen Wandfliesen aus Marokko, Israel und Tunesien erst abends ab 18 Uhr. Die Speisekarte der orientalischen Küche ist in einer kleinen „Schatztruhe"

Fotogener Anblick der Wasserburger Altstadt von der Innbrücke

verborgen. Zu Beginn des Mahls werden heiße Tücher zum Reinigen der Hände gereicht. Zur Wahl stehen frische Gerichte aus „Aladins Garten" (z. B. Gemüse im Kichererbsenteig gebacken mit orientalischen Dips), aus „tausendundeinem Topf" (z. B. Thaisuppe mit Gemüsen und Garnelen) oder vom Souk (z. B. nach mediterraner Art geschmorte Gemüse mit gegrilltem Schafskäse und Knoblauchbrot).

Aktivität	Wanderung
Gehzeit	2 ½ Std.
Strecke	7 km

Route Wasserburg → Attel → Wasserburg

Anfahrt

ÖVM Regionalbahn von Rosenheim und München zum Bahnhof Wasserburg im Ortsteil Reitmehring; von hier verkehrt die RVO-Buslinie 9418 bis in die Altstadt Wasserburgs. Rückfahrt ab Kloster Attel (auf Treppensteig vom Fischerstüberl erreichbar) mit dem RVO-Bus 9416 nach Wasserburg

Auto Von München B 304 über Ebersberg, von Rosenheim St2359 oder B15 nach Wasserburg, Parkplätze zwischen Landwehrstraße und Innufer

Navigation N 48.061525°, E 12.235926°

Charakter Abwechslungsreicher, jedoch wenig gepflegter Wanderweg inmitten der vogelreichen Flusslandschaft des Inns. Nach Regenperioden ist die Route nicht zu empfehlen (Hochwassergefahr).

Wegweiser Innwerk Staustufe (an der Burg) und später Attel sind beschildert.

Karte Kompass-Wk 181 Rosenheim, 1:50.000

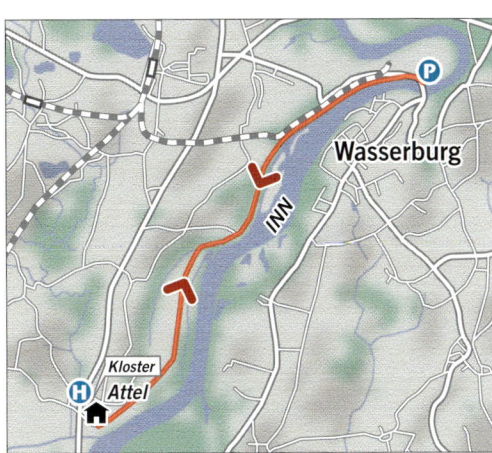

Fischerstüberl mit Terrasse

Buddhagemüse mit kleinen Garnelen

Wunderlampe im Gasthof Fischerstüberl 🏠

Inhaber Petra und Robert Fischer
Küchenchef Robert Fischer

Adresse Attel – Elend 1, 83512 Wasserburg

Telefon 0 80 71 - 25 98

Web www.fischerstueberlattel.de;
www.wunderlampe-attel.de

geöffnet Täglich außer Di. 9.30–0 Uhr (in den Sommermonaten auch Di. ab 18 Uhr); Wunderlampe täglich außer Mo. 18–0 Uhr

Einkauf Eigene Fischzucht; Chiemseefischer Lackerschmid (frische Brachsen, Renken und Weißfische); Jäger Schorsch Binsteiner (Wild); z. T. Bio-Gärtnerhof Löwenzahn, Reitmehring (Salate)

Übernachtung 6 individuelle Zimmer und 1 Appartement

Vegetarische Schmankerl Kräutersüppchen mit Schafskäse und Oliven (4,30 €), Pakora – frische Gemüse im Kichererbsenteig gebacken mit orientalischen Dips (6,30 €), Ratatouille – geschmorte Gemüse nach mediterraner Art mit gegrilltem Schafskäse und Knoblauchbrot (7,90 €), Bananen-Joghurtbecher mit Honig (5,30 €)

Schmankerltipp für Flexitarier Zanderfilet in Kartoffel-Ingwerkruste, frischer Blattspinat und Couscous (15,30 €)

BUDDHAGEMÜSE MIT KLEINEN GARNELEN IM TEMPURATEIG

Verschiedene Gemüse, z. B. Zucchini, Karotten, Zwiebeln und Paprika, in etwa 5 mm große Würfel schneiden und in einer Pfanne mit flüssiger Butter bedeckt wenige Minuten garen. Dann die Butter gut abschütten. Mit Gemüsebrühe dauert es etwas länger. Zu dem Gemüse je zur Hälfte Sojasoße und Gemüsebrühe geben und einkochen lassen. Mit etwas Curry, evtl. auch Ananassaft und Sambal Olek abschmecken.

Wichtig für den Tempurateig ist das eiskalte Wasser und die rasche Zubereitung. Reismehl (zur Not kann man auch Weizenmehl mit etwas Stärke mischen) mit einer Prise Salz und ganz wenig Backpulver mit dem eiskalten Wasser anrühren. Darunter zieht man zwei Eigelb. Der Teig muss nicht ganz glatt sein (wird leicht zäh).

Die kleinen Garnelen ganz durch den Teig ziehen und in Öl goldbraun ausbacken. Den Teig z. B. mit Safran, Ingwer oder Kokosflocken würzen.

Gusto auch von der Fischerstüberl-Speisekarte bestellen. Da das Gasthaus auf den frischen Fang vom Chiemseefischer und die eigene seit 1953 bestehende Fischzucht zurückgreifen kann, schmecken die fein zubereiteten Brachsen, Renken, Weißfische, Saiblinge, Karpfen oder Forellen, etwa in Zitronenbutter gebraten oder nach Wiener Art gebacken, delikat. Während Robert Fischer als Küchenchef fungiert, leitet seine Frau den Service und die Organisation im Fischerstüberl bereits seit über 20 Jahren. Sich zum Essen Zeit zu nehmen, ist beiden ebenso eine Selbstverständlichkeit wie der Grundsatz, dass die gute Küche ehrlich, aufrichtig und einfach sein muss. Angenehm ist auch der stets freundliche und zuvorkommende Service.

Auf der Terrasse, die bei schönem Wetter zu bevorzugen ist, muss man zwar auf das Tücher-Ritual verzichten, genießt aber vis-à-vis des ockerfarbenen Rundgemäuers, des Wandbrunnens und der orientalischen Bodenfliesen dennoch einen Hauch von Morgenland. Hier kann man je nach

Aktivität: Wanderung | Gastronomie: vegetarische Schmankerl, teilweise Biokost und glutenfrei

Gemächliches Tempo, gesunde Kost

Wanderung zwischen Roitham und Seeon

„Deaz bittschee net so renna, s'sis ungsund – für Leit und Henna". Dieser auf einem Schild am Bauschberger Gehöft verewigte Spruch soll als Leitfaden für unseren heutigen Ausflug dienen. Nur 150 Meter entfernt fließt die Ischler Achen der Alz in sehr gemächlichem Tempo entgegen. Etwas bachaufwärts stellte der Müller von Leiten im Jahr 1931 den Mühlenbetrieb ein und widmete sich seither der Holzverarbeitung. Würde die Mühle noch laufen, müsste Andrea Saur von der Gruber-Alm im benachbarten Roitham ihr Bio-Getreide nicht von einem Tiroler Lieferanten beziehen. In ihrem von Obstbäumen und Blumen umgebenen Garten kommt beim Genuss der leichten vegetarischen Kost keine Eile auf.

Unsere Wanderroute führt unmittelbar am Kloster Seeon vorbei.

Schöne Gartenterrasse an der Gruber-Alm

Zwischen Klostersee und Ischler Achen

Die kleine Wanderung beginnt an der Westseite der Gruber-Alm: Oberhalb der überdachten Parkplätze führt ein breiter Weg im Bogen zu einer Kreuzung, an der wir links abbiegen (Ww. Seeon-Ortsmitte über Kloster Seeon). Nach einer Waldpassage erblicken wir links den Bansee, dann geht es auf dem Fußweg entlang der Staatsstraße an stattlichen Eichen vorbei mit schönem Klosterblick zum großen Besucherparkplatz.

Der Klosterweg führt an der Walburgis-Kirche vorbei zum Kloster Seeon, das heute als Kultur- und Bildungszentrum dient (www.kloster-seeon.de). In der sehenswerten Klosterkirche St. Lambert beeindrucken die Renaissancefresken aus dem Jahr 1579. An der Nordseite der Kirche geht es über den Holzsteg zur Kapelle St. Maria und rechts auf der Weinbergstraße nach Seeon. Am Klostersee-Ufer blühen im Frühsommer Seerosen und die seltene Sumpf-Schwertlilie. Ruderbootfahrer genießen die ruhige See-Idylle.

Im Seeoner Ortskern halten wir uns auf der Seestraße wenige Meter rechts, bevor wir links in die Schulstraße nach Baderpoint abzweigen. Dann folgen wir links dem beschilderten Waldweg nach Ischl. Mit Erreichen der Raps- und Mohnblumenfelder am Bauschberger Gehöft öffnet

Aktivität	Wanderung
Gehzeit	2 ½ Std.
Höhenmeter	60
Strecke	7 km

Route Roitham → Seeon → Ischl → Roitham

Anfahrt

Auto A8 Ausfahrt Frasdorf, St2093 nach Prien am Chiemsee, St2092 Rimsting, am nördlichen Ortsrand links Abzweig nach Eggstätt, im Ort rechts Richtung Seeon nach Roitham, links auf dem Almweg zum Parkplatz an der Gruber-Alm

Navigation N 47.959942°, E 12.446415°

Charakter Kinderwagentauglicher Rundweg mit nur geringen Steigungen zum eindrucksvollen Seeoner Kloster mit schönen Ausblicken auf die Chiemgauer Berge

Wegweiser Klosterweg und Benediktweg bis Seeon, auf dem Rückweg sind Ischl und Roitham beschildert.

Karte Kompass-Wk Chiemsee Simssee, 1:50.000

sich ein herrlicher Blick auf den Chiemsee; zwischen Hochgern und Hochfelln sind bei schönem Wetter die Loferer Steinberge zu erkennen.

Vor Erreichen der ersten Häuser zweigen wir rechts in Richtung der Ischler Kirche St. Martin und kurz darauf abermals rechts in einen breiten Kiesweg ab (Archäologischer Rundweg, Mühlenweg). Südseitig stehen imposante Kanadische Pappeln Spalier. Die Ischler Achen mündet flussabwärts in die Alz. An der Leiten passieren wir ein Sägewerk und wenig später ein Rehgehege (Ww. Roitham). An der Staatsstraße halten wir uns kurz rechts und biegen links nach Roitham ab. Gegenüber der Dorfkapelle führt der Almweg zum Gasthof Gruber-Alm hinauf.

Bio-Amaranth-Gemüse-Auflauf

„Fleischlos glücklich"

Ihren Namen trägt die Einkehr aufgrund ihrer Vergangenheit: Bis 1906 stand auf der Anhöhe am Almweg noch eine Alm mit Kuhstall und Scheune, wo das Vieh vom Gruber-Bauern graste. Mit der Hofübergabe an seine Tochter Lina und deren Mann Walter Saur im Jahr 1950 entwickelte sich die Gruber-Alm peu à peu vom Landwirtschafts- zum Gastronomiebetrieb mit Gästezimmern. Seit 2004 führt die heutige Chefin Andrea Saur die Familientradition in vierter Generation fort, und es spricht nichts dagegen, dass ihre kleine Tochter Pauline den Betrieb mal übernimmt.

Die Gruber-Alm hat mit der klassischen Almjause ebenso wenig zu tun wie mit der typisch oberbayerischen Küche. Denn unter der Rubrik „fleischlos glücklich" sind auf der Speisekarte

durchschnittlich sechs vegetarische Gerichte aufgeführt. Während ihrer Arbeit in einer Haushamer Großküche hat Andrea Saur Geschmack an Gerichten wie Brennnesselpflanzerl oder Rote-Bete-Quiche mit Ziegencamembert gefunden. Je nach Jahreszeit variiert sie die Gerichte mit Bärlauch, Spargel und Wildkräutern, die sie teilweise im eigenen Garten erntet. Aus dem frischen Obst kocht sie unter anderem Marmelade und Sirup ein. Und im Herbst bereitet sie aus Kastanien eine cremige Suppe, Gnocchi, eine Wildsauce und ein Parfait zu.

Damit zwischen Kind und Küchenalltag nicht zu viel Stress aufkommt, hilft Mama Thea, die „Springerin und gute Seele des Hauses", nach Leibeskräften mit. Der Gast sitzt entspannt auf der Terrasse, blickt an den Rhododendronbüschen und Kinderspielplatz vorbei zur Chiemgauer Alpenkulisse und genießt den Aufenthalt in vollen Zügen.

Gasthof Gruber-Alm

Inhaberin und Küchenchefin Andrea Saur

Adresse Almweg 18, 83370 Seeon / Roitham

Telefon 0 86 67 - 696

E-Mail info@gruber-alm.de

Web www.gruber-alm.de

geöffnet Warme Küche Mi.–So. 11.30–14 und 17.30–21 Uhr, Juli / August Di.–Fr. ab 17 Uhr, Sa. / So. 11.30–21 Uhr, Okt. bis April So.–17 Uhr

Einkauf Kräuter und Obst aus dem eigenen Garten; Sinnesberger, Kirchdorf in Tirol (Bio-Getreide); Fischzucht Achenquell Jäckle (Bio-Saibling und -Forelle); Metzgerei Lautenbacher, Siegsdorf (Fleisch); Jäger Bernhard, Oberbrunn (Wild)

Übernachtung 19 Einzel-, Doppel- und Mehrbettzimmer

Vegetarische Schmankerl Bio-Amaranth-Gemüse-Auflauf (glutenfrei) mit Tomatensoße und Salatteller (9,30 €), Rote-Bete-Quiche mit Ziegencamembert, Mandeln und Salatteller (10,50 €), Nudeltaschen mit Steinpilzfüllung in Salbeibutter mit frischem Parmesan und buntem Salatteller (10,20 €)

Schmankerltipp für Flexitarier Bio-Saibling mit Mandelbutter, Petersilienkartoffeln und buntem Salat (15,80 €)

Aktivität: Bergwanderung | Gastronomie: einfach gute Gerichte mit viel Raffinesse

Sprung in die Selbstständigkeit

Wanderung von Hohenaschau zum Klausen

Die Frage „Schaff ich das?" hat sich Markus Schmiedhuber bereits mit 25 Jahren gestellt. Nämlich den Sprung in die Selbstständigkeit. Nach vier Jahren Praxis bei Heinz Winkler, dem erfolgreichsten Drei-Sterne-Koch Deutschlands, ein Lokal in Eigenregie zu führen. Top-Gerichte zu günstigen Preisen zu kreieren. Noch vor dem ersten Geburtstag der Ess.Schmiede kann er diese Frage ohne zu zögern bejahen. Welch Ansporn für uns: Auch wir werden die relativ lange Wanderstrecke im Priental zwischen den Chiemgauer Hausbergen Kampenwand und Hochries bewältigen. Abseits des Rummels an Predigtstuhl und Klausen die herrliche Ruhe auf sich wirken lassen. Und anschließend die delikate Küche in der 2012 neu eröffneten Ess.Schmiede genießen.

Wanderer auf dem Hochplateau der Riesenhütte

Das Schloss Hohenaschau ist eine der größten Burganlagen Deutschlands und dominiert das Priental wie kein zweites Bauwerk. Durch seine exponierte Lage auf einem felsigen Höhenrücken ist es weithin sichtbar. Die Anlage ist in Privatbesitz, Beamte des Bundesfinanzhofs verbringen hier ihren Urlaub. Der Rittersaal und die barocken Prunkräume sind für Außenstehende jedoch im Rahmen einer Führung zu besichtigen.

Über die Riesenhütte zum Klausen

Am Parkplatz überqueren wir die Prien und biegen erst rechts in die Zellerhornstraße, dann links in den Heurafflerweg zum Einstieg der Wanderung. Der Steig überwindet in vielen Kehren den bewaldeten Steilhang und führt zuletzt flach zur schön gelegenen Hofalm. Statt dem breiten Weg zur Frasdorfer Hütte zu folgen, queren wir geradeaus auf dem Wiesenpfad an einem alten Kalkofen vorbei zum Güterweg, der uns, Abkürzungen nutzend, bis zur Riesenhütte führt.

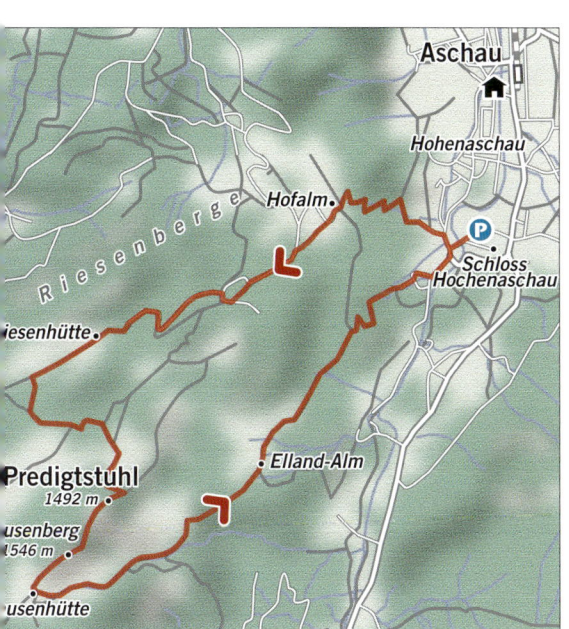

Nach der ersten Steilstufe erreicht man das Gelände der Hofalm.

Aktivität	Bergwanderung
Gehzeit	5 ½ Std.
Höhenmeter	1050

Route Hohenaschau → Riesenhütte → Predigtstuhl → Klausen → Elland-Alm → Hohenaschau

Anfahrt

ÖVM Mit der Deutschen Bahn nach Prien am Chiemsee, Regionalbahn nach Aschau

Auto A8 Ausfahrt Frasdorf, St2093 nach Aschau, vor Schloss Hohenaschau rechts in die Schlossbergstraße, Parkplatz vor der Bachbrücke der Prien

Navigation N 47.765594°, E 12.317884°

Charakter Nach der ersten Steilstufe moderater Anstieg in das Hochplateau der Riesenhütte und auf teils verwachsenen Pfaden zu Predigtstuhl und Klausen. Beim Abstieg über die Elland-Alm ist ein wenig Orientierungssinn gefragt.

Wegweiser Bis zum Wegabzweig am Hochplateau konstante Beschilderung zu Riesenhütte und Hochries, dann geht es in Richtung Klausen und Spitzstein. Pfade nach Aschau teilweise verwachsen

Karte Kompass-Wk Chiemsee Simssee, 1:50.000

Am Gipfel des Klausenbergs

Die DAV-Hütte bietet eine gute „So-schmecken-die-Berge-Küche" (siehe aktiv sein und schlemmen, Band 1).

Zwei-Gipfel-Runde nach Aschau

Von der Riesenhütte geht es ein Stück weit über das weite Hochplateau in Richtung Hochries, bevor unser Steig nach links in den Wald abzweigt. Nach dem Abstieg zur Bergwachthütte beginnt der Gegenanstieg zum Predigtstuhl. Vom unscheinbaren Gipfel genießt man den schönen Blick auf die Chiemgauer Bergwelt und benachbarten Klausen, den man auf dem teils bewaldeten Verbindungsgrat erreicht. Der Berg ist mit 1548 Metern der höchste Punkt der Tour.

Südlich des engen Gipfels erreicht man rasch die geschlossene Klausenhütte; das kleine Seitental, durch das der Abstieg erfolgt, ist bereits gut einsehbar. Unterhalb der Angereralm verliert sich der teils verwachsene Steig, auch durch Sturmschäden, teilweise im Gelände. Von der Alm geht es dann erst auf gleicher Höhe, später steiler durch den Wald nach Hammerbach hinab. Kleine Teerstraßen führen von hier zum Parkplatz zwischen Prien und Schloss zurück.

Wohlfühloase mit hoher Qualität

Die Ess.Schmiede ist vom Parkplatz nur zwei Kilometer entfernt: In Aschau zweigen wir links in die Schulstraße ab und stoßen dann auf das von außen unscheinbare Lokal. Unscheinbar im Vergleich zur spätmittelalterlichen Winkler-Residenz, die nur 200 Meter entfernt jenseits des Prienbachs internationalen Ruhm genießt. Welch krasser Unterschied: Statt als Chef Patissier und Chef Garde Manger für das leibliche Wohl der feinen Relais-und-Château-Hotel-Gesellschaft zu sorgen, feilt Markus Schmiedhuber nun als Chefkoch seines eigenen „Wohnzimmer-Domizils" an neuen Kreationen. Wohnzimmer deshalb, weil zwei der drei Essräume eine gemütliche Couch-Atmosphäre bieten. Jede Sitznische unterscheidet sich von der anderen, die Möbel hat sich der Inhaber vom Antiquitätenhändler geholt. Bilder und Skulpturen stammen von einem italienischen Künstler. In den Regalen stehen neben hausgemachten Köstlichkeiten erlesene Weine, Liköre, Öle, Essig, Biotee und Müsli zum Verkauf. Gehobene Qualität und der Gast in Freizeitkleidung sind in der Ess.Schmiede kein Widerspruch.

Abends ist die Ess.Schmiede meist gut besucht, man sollte im Eigeninteresse vorreservieren. Bei schönem Wetter füllt sich auch der Sommergarten rasch. Zwar genießt Markus Schmiedhuber (noch) keinen Weltruhm wie der Patron Winkler, seine für die Extraklasse preisgünstigen Gerichte sprechen sich aber bis weit über die Grenzen des Chiemgaus hinaus herum wie ein Lauffeuer. Die Auswahl ist überschau-

Ess.Schmiede 🏠

Inhaber und Küchenchef Markus Schmiedhuber

Adresse Schulstr. 9, 83229 Aschau im Chiemgau

Telefon 01 76 - 70 14 79 34

E-Mail willkommen@essschmiede.de

Web www.essschmiede.de

geöffnet Do.–Mo. 11.30–22 Uhr, warme Küche
12–14.30 und 18–21 Uhr

Einkauf Vorwiegend regional; Metzgerei Richard
Angermann, Aschau (u. a. Rinder- und Ochsenbacken);
Gourmet Vital, Seebruck (Biotee)

Vegetarische Schmankerl Pastinakenschaumsuppe
(6 €), Ravioli Giganti, Ziegenkäse, Pistazien, Limette,
Salbeibutter, Parmesan (12 €), weiße Schokolade,
pochierter Weinbergpfirsich, Holunderblüten, Erdbeeren
(10 €)

Schmankerltipp für Flexitarier Tartar vom heimischen Weiderind, asiatisch mariniert, Wasabi, rote Beete
(12 €)

Sashimi vom „Yellow Fin": Thunfisch mit Currymayonnaise, Avocadocreme und Shiitake-Pilzen; mit Aromaten gebratener Wolfsbarsch, Koriander-Lauchgemüse und grüner Spargel; gebackene Schokoladenträne mit Bananen-Ananasragout, Passionsfruchtsorbet und einer Sauce Creole

bar, das Geschmackserlebnis dafür umso größer. Es stehen je ein vegetarisches Gericht und ein äußerst feines, obligates Dessert – immerhin wurde der Chef 2012 vom Feinschmecker unter die besten zehn Patissiers Deutschlands gewählt! –, auf der Speisekarte. Es wird standesgemäß auf einer schwarzen Schieferplatte serviert. Vegetarier können aber auch köstliche Beilagen wie getrüffeltes Risotto, garniert mit anderen Zutaten,

als Hauptgang bestellen. Sehr gefragt sind das asiatisch marinierte Tartar vom heimischen Weiderind und das Rib Ey Steak, das meist mit Grenaille Bratkartoffeln und Pfefferrahmsauce serviert wird. Den Service des sympathischen Restaurants leitet Schmiedhubers Lebensgefährtin Michaela Hauser mit Hilfe seiner Mutter Angelika Bauer, die das junge Team jeden Abend tatkräftig unterstützt.

Aktivität: Biketour oder Wanderung | Gastronomie: hausgemachte bayerische und vegetarische Schmankerl

Tradition an Moorlandschaft

Almen-Biketour oberhalb von Bernau und Rottau

Über die Frage, ob den Rottauer Bürgern ein Fußmarsch von bis zu zwei Stunden bis zum nächsten Wirtshaus zuzumuten sei, wurde in den 1850er Jahren heftig gestritten. Das Landgericht Traunstein stellte dem Ort nämlich seinerzeit die „Wirtschaftsgerechtsamkeit" in Abrede. Glücklicherweise endete der Streit mit einer Konzession für den Messerschmied Lorenz Hütter, der die Chiemgauer Märkte mit seinem Kunsthandwerk bereicherte und nebenbei den Grundstein für gepflegte Wirtshauskultur legte. Wir Biker nehmen auf der folgenden Runde immerhin einen kräftezehrenden Anstieg in Kauf und erreichen die Einkehr nach der rasanten Abfahrt von der Weißenalm.

Biker am Wegkreuz oberhalb der Maisalm

Sumpfiger Trail bei der Schlussquerung zur Weißenalm; im Hintergrund die Gedererwand

Die Drei-Almen-Tour

Vom Bernauer Bahnhofplatz steuern wir nach Südosten, biegen jeweils rechts in die Bohlmoos- und Sommerlandstraße, gelangen auf der Bügelrainstraße zur Ampelkreuzung im Ort, die wir geradeaus überqueren. Kurz darauf biegen wir links in den Mitterweg und erreichen nach insgesamt zwei Kilometern die Asphalt-Steilrampe zur Seiseralm. Das Gelände wird flacher, wir nehmen Schwung für den Anstieg auf der für Autos gesperrten Forststraße (Ww. Kampenwand).

Nach einem weiteren Anstieg kurze Überlegung am breiten Wegkreuz: Sollen wir die kurze Abfahrt zur Maisalm angehen und zwischendurch die Seele baumeln lassen? Wer zu viel Energien hat, könnte auch noch zur Gorialm hochpedalen. Uns genügt aber der letzte überschaubare Anstieg in Richtung Weißenalm. Nach der Steilpassage Vorsicht, Abzweig nicht verpassen: Am Waldrand biegen wir links in einen unscheinbaren Pfad, der am Zaun entlang zur Weißenalm führt. Die Alm ist allein wegen des vorzüglichen Käses einen Aufenthalt wert. Anschließend

folgt die gut fünf Kilometer lange Abfahrt nach Rottau.

Kulinarische Reise von Juni bis November

Der Gasthof Messerschmied im Ortskern ist nicht zu verfehlen. Man stellt sein Bike an der Mauer ab und lässt sich im Schatten der Kastanien im angrenzenden Gastgarten nieder. „Ich schicke hier nochmals ein großes „Überragend" im Namen der verrückten sieben Radler an Euch", kommentiert ein gewisser Matthias Gläser seinen Aufenthalt im Gästebuch des Messerschmieds. Unwahrscheinlich, dass er im April bereits die Almrunde gefahren ist. Ganz sicher hat er jedoch die spezielle kulinarische Reise verpasst, die der Gasthof jahreszeitenbedingt anbietet: Im Juni finden die Nudelwochen, im Juli die vegetarischen Wochen statt, der August bietet unter dem Motto „Fit und gesund" verschiedene Salatvariationen und im September werden Aufläufe aus Omas Zeiten serviert. Darüber hinaus gibt es neben der Tages- und Saisonkarte eine Standardkarte mit einer reichen

Blick von den Kendelmühlfilzen zum Hochgern

Rundweg durch die Kendlmühlfilzen

Der Moosrundweg (Parkplatz zwischen Rottau und Grassau: Navigation N 47.782798, E 12.438369°, Dauer ca. 1 Std.) ist durch seinen annähernd quadratischen Verlauf und die gute Beschilderung nicht zu verfehlen. Er führt durch einen Bruchwald aus Schwarzerlen, Kiefern, Espen und Birken Richtung Norden. Dann zweigt unsere Route rechts in die offenen Filze ab. Im späten August breitet sich ein rosafarbener Blütenteppich des Heidekrauts mit dem Hochgern im Hintergrund vor uns aus. Andere Heidekrautgewächse wie die Rosmarinheide, Rauschbeere, Moosbeere oder Heidelbeere blühen zu einem früheren Zeitpunkt. Nach Durchqueren der offenen Filzen geht es rechts abermals durch Wald Richtung Süden. Der Weg mündet in die geteerte Moosbacher Straße. Vor der Brücke biegen wir rechts in den Weg, der am Hindlinger Bach entlangführt. Dann halten wir uns abermals rechts an einem Pferdegestüt vorbei zum Parkplatz.

Aktivität	Biketour
Fahrzeit	2 ½ Std.
Höhenmeter	530
Strecke	21 km

Route Bernau → Maisalm → Weißenalm → Rottau → Bernau

Anfahrt

ÖVM Deutsche Bahn (DB) über Rosenheim nach Bernau

Auto A8 Ausfahrt Bernau, im Ort links auf Chiemsee- und Bahnhofstraße zum Bahnhof

Navigation N 47.815849°, E 12.381678°

Charakter Kurze, mit einigen steilen Anstiegen garnierte Alm-Rundtour im Chiemgau. Zwischen Rottau und Bernau Flachetappe

Wegweiser Die Etappenorte sind sporadisch beschildert.

Karte Kompass-Wk 10 Chiemsee Simssee, 1:50.000

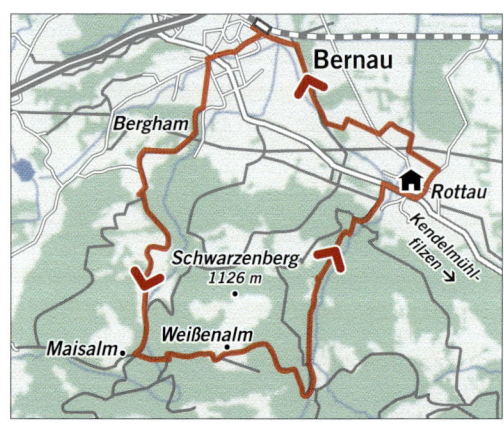

Auswahl an vegetarischen Speisen und Pasta-Gerichten.

Für die „Pflege der bayerischen Wirtshaustradition" wurde der Gasthof Messerschmied übrigens vom Bayerischen Staatsministerium ebenso geehrt wie im Rahmen des Wettbewerbs „Bayerische Küche". Grundlagen hierfür sind die Verwendung regionaler und frischer Zutaten: Die Metzgermeister etwa garantieren, nur Fleisch aus regionaler Aufzucht und Vermarktung anzuliefern. Und der nach traditioneller Art im Eichenfass gereifte Williams–Christ-Birnen-Brand – der übrigens entgegen der gängigen Volksmeinung bekömmlicher vor dem Essen ist! – stammt aus der eigenen Brennerei.

Abkühlung im Kneippbecken

An der Dorfkirche wenige Meter östlich zweigt die Hauptstraße von der Grassauer Straße ab. Dann ein Rechtsknick (Kirchweg) und links in die Hackenstraße. Fortan ist der Rückweg nach Bernau gut beschildert. Unterwegs können wir unsere Füße auf einem Barfuß-Parcours massieren und in einem Kneipp-Bach kühlen; das Wasser stammt vom Rottacher Bach aus jenem

Gasthof Messerschmied 🏠

Inhaber Familie Praßberger
Küchenchef Franz Posch

Adresse Grassauer Str. 1, 83224 Rottau

Telefon 08641-2562

E-Mail info@gasthof-messerschmied.de

Web www.gasthof-messerschmied.de

geöffnet Warme Küche Mi.–So. 11.30–14 und 17.30–21 Uhr

Einkauf Firma Vesenmeier, Rechtmehring (Gemüse, Salate); Chiemseefischer Lackerschmied und Firma Bierbichler Rosenheim (Fische); Metzgerei Laubhuber, Rottau und Metzgerei Lautenbacher, Siegsdorf (Fleisch)

Übernachtung Mehrere Zimmer im Gasthof

Vegetarische Schmankerl Paprikapfannkuchen mit Gorgonzolaspinat gefüllt, Blattsalat (7,90 €), Safranrisotto mit Fenchel, grünem Spargel und original Parmigiano-Reggione (8,40 €), Curry von Saisongemüse und Skiitake-Pilzen mit Curry, Chili und Ingwer abgeschmeckt, dazu Basmatireis (11,70 €), Kokosmousse von weißer Schokolade auf Maracujasauce (6 €)

Tal, durch das wir abgefahren sind. Dann geht es auf dem Bachweg und an der Bernauer Achen entlang – vor der Bahnlinie links abbiegen – rasch zum Bernauer Bahnhof.

Messerschmied-Gastgarten im Abendlicht

Aktivität: Ski-Langlauf oder Wanderung | Gastronomie: hochwertige Küche mit frischen und regionalen Zutaten

Birnbacher-Loipe und Wohlfühl-Menü

Ski-Langlauf zwischen Mühlau und Ettenhausen

Wer mit dem Kommentar „Die Heilung schreitet voran, heute die erste Rollereinheit klassisch am Berg auf meiner Heimstrecke nach Winklmoos und mit getaptem Knie. So gut wie schmerzfrei!" auf Facebook 143 Likes erntet, der hat es verdient, dass eine Loipe nach ihm benannt wird. Seit dem Gewinn diverser Biathlon-Medaillen sind die Schlechinger auf ihren für den heimischen Sportclub startenden Andi Birnbacher ebenso stolz wie die Wallgauer auf Magdalena Neuner oder die Reit im Winkler auf Rosi Mittermaier. Und wir Hobby-Langläufer sind ihm in der Loipe quasi auf der Spur! Etwas unbekannter, aber in seinem Metier nicht minder begabt ist Franz Karner, der als Küchenchef im Steinweidenhof schmackhafte Gerichte zubereitet.

Langlauf-Runde im hinteren Achental

Da die Andi-Birnbacher-Loipe rund um Schleching verläuft und beinahe jeden Talwinkel mit einbezieht, kann man den Einstieg kaum verpassen. Der nördlichste Parkplatz befindet sich in Mühlau. Wer hier startet, kann die Anstiege der kurzweiligen Runde in zwei weiten Bögen nach Ettenhausen gleich zu Beginn in Angriff nehmen. Dort befindet sich auch die Nachtloipe,

Aktivität Ski-Langlauf

Route Rundtour Schleching (Andi-Birnbacher-Loipe, 9 km)

Anfahrt

Auto A8 Ausfahrt Bernau am Chiemsee, B 305 Marquartstein, B 307 Richtung Schleching, nach Mettenham Abzweig rechts Kampenwandstraße zum Parkplatz in Mühlau

Navigation N 47.728269°, E 12.398973°

Charakter Mittelschwere Klassisch- und Skating-Runde im Talkessel von Schleching mit geringen Steigungen (94 Hm). Bei Bedarf kann man sein Pensum um die Baumgarten-Runde (+ 2,4 km) und die Verbindungsloipe nach Raiten (+ 7,2 km hin und zurück) ausdehnen.

Wegweiser Die Loipen sind bestens beschildert.

Karte Loipenpläne entlang der Strecke vor Ort

Loipe im Bereich der Tiroler Ache an einem diffusen Februartag

Wanderung auf die Oberauerbrunstalm

Von Frühjahr bis Herbst bietet sich die Wanderung von Mühlau zur Oberauerbrunstalm an (360 Hm, 1 Std.). Vom Wanderparkplatz westlich von Mühlau (N 47.728673°, E 12.392213°) führt die Teerstraße im Bogen zum Oberauer Bauernhof. Dann geht es auf schönem Waldweg zu einer Forststraße, hier wenige Meter rechts halten und links dem Steig in den Wald folgen. Nach kurzer Steigung zweigt der Stefan-Gnadl-Weg zum Aussichtspunkt „Vogelschau" ab. Der Hauptweg führt recht steil in Kehren durch den Wald empor. Ob die Maiglöckchen direkt am Wegesrand blühen, ist Glückssache. Die Almwiesen rund um die Oberauerbrunstalm sind jedoch im Frühjahr voller Mehlprimeln, Herzblättrigen Kugelblumen und Enzianen. Falls der Entdeckungstrieb nicht gestillt sein sollte, kann man noch Richtung Teufelstein und Hochplatte weiterwandern.

die mittwochs und freitags bis 20 Uhr beleuchtet ist. An der Straße unterhalb des Geigelstein-Liftes ist der höchste Punkt der Runde erreicht. Dann folgt mit herrlichem Blick in den weiten Talkessel zwischen Geigelstein und Hochgern die genussvolle Abfahrt zur Tiroler Ache. Jenseits der Bundesstraße bleibt man wahlweise auf der Dammloipe am Fluss oder folgt der Andi-Birnbacher-Loipe über die Wiesen. Die beiden Loipen vereinen sich an jener Stelle, an der die Baumgarten-Runde zu einer kleinen Zugabe anspornt. Die Reststrecke bis Mühlau ist von hier nur noch Formsache.

Zu Besuch beim Alpenkulinarik-Koch

Der Steinweidenhof liegt im Schlechinger Ortsteil Ettenhausen, den wir zuvor auf Skiern ja bereits großflächig umrundet haben. Hier kann man abseits von Verkehr und Rummel so richtig gut entspannen. In dieser Ruhenische fühlt sich auch der aus Niederösterreich stammende Wirt und Küchenchef Franz Karner wohl, der vor dem Wagnis Selbstständigkeit – von einem Engagement als gut bezahlter Privatkoch in einem etablierten Reit im Winkler Feriendomizil abgesehen – zuvor eher in größeren Häusern gearbeitet hat. Seine Reifeprüfung als ambitionierter Koch legte er von 1992 bis 1997 im Koblenzer Schloss Berg ab, das Victor's Gourmet-Restaurant hatte unter seiner Regie zuletzt einen

Michelin-Stern erhalten. Heute also ein ruhigeres Kontrastprogramm in den Chiemgauer Bergen, das er mit Küche und Einkauf und seine aus der Pfalz stammende Frau Manuela mit Service und Organisation bestreitet.

Der Achtentaler Fisch stammt von der Schlechinger Fischzucht Rappl, das Bio-Zicklein von der Traunsteiner Familie Bauer und das Kaninchen von der Rumgrabener Familie Lindebar: Wer die Zusammenarbeit mit Bauern und Lieferanten so offenlegt wie der Steinweidenhof in Schleching, der hat ein wesentliches Kriterium für das Image-Projekt „Alpenkulinarik" erfüllt. Gerade im Chiemgau ist der Trend, gesundes Essen mit regionaler Herkunft zu verbinden, deutlich erkennbar. „Wir sind davon überzeugt, dass sich nur mit dem Dreiklang frische, saisonale und regionale Produkte die Ansprüche an eine gehobene Küche erfüllen lassen", erklärt Franz Karner. Dazu zählt auch das Zertifikat von Slowfood, das die Küche unter anderem als regional und schmackhaft würdigt. Wie diese Philosophie in der Praxis umgesetzt wird, davon kann sich der Gast beispielsweise bei einem schmackhaften Gourmetmenü mit Weinbegleitung (45 €) oder ohne (35 €) überzeugen. Die ständig wechselnde aktuelle Speisekarte steht auch im Internet.

Der Steinweidenhof

Inhaber Manuela und Franz Karner
Küchenchef Franz Karner

Adresse Steinweidenstr. 8, 83259 Schleching-Ettenhausen

Telefon 08649-513

E-Mail info@steinweidenhof-schleching.de

Web www.steinweidenhof-schleching.de

geöffnet Täglich außer Mo. 11.30–14 und 18–22 Uhr

Einkauf Konrad Rappl, Schleching (Fischzucht); Familie Berneder Bernau (Biolamm); Bäckerei Pretzner, Reit im Winkl; Familie Lindebar, Rumgraben (Kaninchen); Hennes, Grabenstätt (Eier); Berchtesgadener Land Molkerei (Piding); Familie Bauer, Traunstein (Zicklein); Haiderhof, Schleching (Bioheu, Äpfel, Quitten)

Übernachtung 9 individuell gestaltete Hotelzimmer, Wellnessbereich

Vegetarische Schmankerltipps Cremesuppe von der Petersilienwurzel mit Griesknödeln (6,20 €), Kartoffel-Pfifferling-Ravioli auf Rahmwirsing (12,50 €), Topfen-Dinkelpfannkuchen auf Kürbissauce (12,50 €)

Schmankerltipps für Flexitarier Gefüllte Zickleinschulter in Kräutersauce mit Dinkel-Grießplätzchen (15,50 €), gefüllte Perlhuhnbrust auf Bärlauchgraupen mit gebratenem Spargel (19,50 €)

Gemütliche Gaststube und gefüllte Zickleinschulter mit Beilagen im Steinweidenhof

Aktivität: Wanderung | Gastronomie: saisonale bayerische Küche mit Vollwertgerichten

Mystische Spiegelung im Frillensee

Faszination Frillensee

Wanderung auf dem Bergwald-Erlebnis-Pfad

Wer seine Kindheit an einem derart malerischen See verbringt, der möchte ihn ein Leben lang nicht missen. Dies könnte auch die Erklärung dafür sein, dass die drei Schwestern Gertrud Maier, Ursula Pastötter und Christine Waldherr das Forsthaus Adlgaß von ihren Eltern zum Millennium übernahmen. Man könnte auch von „Schicksal" sprechen, denn der Frillensee gehört quasi zum Haus. Um ihn ranken sich Chiemgauer Sagen und Mythen, er ist ein Kraft- und Ruheort und dient den Schwestern als Energiespender für den anstrengenden Alltag.

Intakter Bergwald und malerische Bergkulisse

Direkt am Forsthaus stimmt eine Informationstafel mit dem Franz-Kafka-Zitat „In den Wäldern sind Dinge, über die nachzudenken, man jahrelang im Moos liegen könnte" auf den bevorstehenden Bergwald-Erlebnis-Pfad ein. Die 3,5 Kilometer lange Route umfasst neun Baum-arten-Stationen und 18 weitere Stationen mit naturnahen Themen wie „Eiskalt erwischt" – das Thermometer für die Messung der Bachwassertemperatur kann man sich im Forsthaus ausleihen –, „Tastnatur pur" oder „Totes Holz ist quicklebendig". Klar, dass hier auch viele Familien mit ihrem Nachwuchs unterwegs sind, zumal die Strecke kinderwagentauglich ist. Wer sich die eine oder andere auf Trampelpfaden zu erkundende Wald-Station sparen will, steigt direkt am Frillenseebach, der später in die Rote Traun mündet, auf dem breiteren Weg empor.

Die Bergkulisse mit den Steilhängen des Zwiesels im Hintergrund verleiht dem Frillensee (922 m) einen wilden Charme. „Die Vegetation ist naturnah und der Lebensraumkomplex von hoher Qualität", heißt es im Landschaftsplan der Gemeinde Inzell. Er gilt als kältester See Mitteleuropas, weshalb er meist bereits im November zufriert. 1960 fand hier vor mehreren Tausend Zuschauern die erste Deutsche Meisterschaft im Eisschnelllaufen statt. Zwei Jahre später mussten die Veranstalter während des zweitägigen Wettkampfs 93 Zentimeter Neuschnee von der Bahn schieben. Grund genug, vor den Naturgewalten zu kapitulieren und den See fortan wieder sich selbst zu überlassen. Zumal auch gewaltige Lawinen drohen, die wie im Februar 2009 am Süd-Ende des Sees einen vier Hektar großen Schutzwald zerstören können.

Nach Umrundung des Frillensees endet der Lehrpfad. Am nördlichen See-Ende wechseln wir nicht zur Aufstiegsroute hinüber, sondern bleiben geradeaus auf dem Forstweg (Ww. Adlgaß über Rodelbahn). Etwa 20 Minuten später zweigt unsere Route nach rechts ab (Ww. Frillensee-Runde). Der Weg mündet in einen saftigen Wiesenpfad, der direkt auf die einladende Forsthaus-Adlgaß-Terrasse zuführt.

Drei Schwestern und die Tradition

Das Forsthaus blickt auf eine lange Geschichte zurück: Bereits 1308 wurde das Lehen Adlgaß erstmals erwähnt, und das heutige Gebäude stammt aus dem Jahr 1765. 200 Jahre später übernahmen dann Thekla und Hans Maier die Pacht, bevor sie die Gastwirtschaft nach 35 Jahren an ihre drei Töchter übergaben. Die Arbeitsteilung ist klar vorgegeben: Während sich Ursula Pastötter um das Organisatorische rund um das Büro, den Garten und den Service kümmert, fungiert Gertrud Maier als Küchenchefin. Die gelernte Hotelfachfrau Christine Waldherr hat

Aktivität	Wanderung
Gehzeit	2 ½ Std.
Höhenmeter	130
Strecke	6 km

Route Forsthaus Adlgaß → Frillensee und zurück

Anfahrt

Auto A8 Ausfahrt Siegsdorf, B 306 nach Inzell, im Ort links der Beschilderung nach Adlgaß folgen; man parkt direkt am Forsthaus oder an der Straße etwas unterhalb.

Navigation N 47.774608°, E 12.797785°

Charakter Landschaftlich reizvolle Wanderung auf bequemen Wegen am Frillenseebach mit Bergwald-Erlebnispfad und rund um den Frillensee

Wegweiser Bergwald-Erlebnispfad ab Adlgaß, „Frillensee-Runde", im Abstieg Adlgaß

Karte Kompass-Wk 16 Traunstein Waginger See, 1:50.000

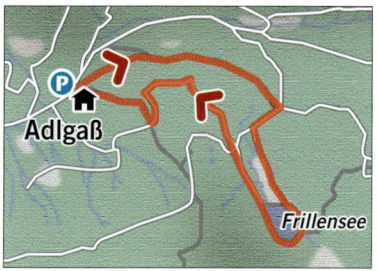

Schattiger Anstieg am Frillenseebach

Der Wanderweg führt direkt auf die Forsthaus-Adlgaß-Terrasse zu.

zum dritten Mal Nachwuchs bekommen und steht den Schwestern beratend zur Seite.

Die Idee, neben den traditionellen Fleischgerichten auch Vollwertgerichte wie Vollkornnudeln auf Gemüse mit Salbei und Getreide-Zucchinipflanzerl auf Tomatensoße mit Kartoffeln und Spargel, serviert jeweils mit einem gemischten Salat, anzubieten, kam Gertrud Maier bei einer Gesundheitsberatung von Doktor Bruker 1998. Zuletzt hatte sie sogar ihre Eltern von diesem Konzept überzeugt. Zum Braten und Backen verwendet sie nur kaltgepresste Öle und Butter von heimischen Bauern, und beim Einkauf achtet sie streng darauf, dass zum Beispiel der Schweinebauer gentechnikfrei wirtschaftet und seine Tiere artgerecht aufzieht. Relativ neu ist auch die Begeisterung für Slowfood, das begehrte Zertifikat erhält das Forsthaus nach dem Besuch versteckter Tester. „Bei euch wird der Gedanke gelebt", hat jemand im Gästebuch verewigt.

Von den Neuerungen abgesehen gab es keinen Grund, von der bewährten Koch-Philosophie – auch früher wurde schon viel Wert auf Bio-Qualität gelegt – abzurücken. Die traditionellen Wildgerichte aber richten sich wie seit Jahrzehnten nach der frischen Lieferung der heimischen Jäger. Dazu gibt es die

Forsthaus Adlgaß

Inhaber Gertrud Maier, Ursula Pastötter, Christine Waldherr
Küchenchefin Gertrud Maier

Adresse Adlgaß 1, 83334 Inzell

Telefon 08665-483

E-Mail kontakt@forsthaus-adlgass.de

Web www.forsthaus-adlgass.de

geöffnet Mi.–So. 11.30–19.30 Uhr warme Küche, im Winter bis 18.30 Uhr

Einkauf Molkerei Berchtesgadener Land, Piding (Milchprodukte); Mühle St. Johann (Getreide und Dinkelmehl); Ökohof Feldinger, Wals (Obst und Gemüse); Metzgerei Hirschbichler und Eicher, Inzell (Fleisch); Wild aus heimischer Jagd

Vegetarische Schmankerltipps Brokkoli-Kohlrabicremesuppe (3,10 €), Vollkornnudeln auf Gemüse mit Salbei und gemischter Salat (8,50 €), Getreide-Zucchinipflanzerl auf Tomatensoße, Kartoffeln, Spargel und gemischter Salat (9,50 €)

Schmankerltipps für Flexitarier Gebratener Rehrücken mit Preiselbeeren, dazu Spätzle und Blaukraut (14,80 €)

klassischen Preiselbeer-, Spätzle- und Blaukraut-Beilagen. Und als Dessert verlocken die nach Omas Rezept zubereiteten Schmalzgebäcke oder Dampfnudeln.

Aktivität: Wanderung oder Bergtour | Gastronomie: Tiroler Spezialitäten

Am Wächter des Spertentals

Almen-Wanderung auf dem Naturlehrpfad

Das Spertental südlich von Kirchberg in Tirol ist ein Eldorado für Wanderer, Biker und Skitourengeher. Da die mit sehr schmackhaftem Essen aufwartende Labalm jedoch nur zwischen Mai und Oktober geöffnet hat, entscheiden wir uns für eine überschaubare sommerliche Rundtour auf dem Naturlehrpfad. Höher Ambitionierte können auf der gegenüberliegenden Talseite der Alm auch den Rettenstein bezwingen, der wie ein König über dem Talboden wacht. Der markante Felsberg wirkt durch seine schroffen Felswände unnahbar, ist „durch die Hintertür" über den Schöntalgraben aber relativ leicht zu besteigen.

Lehrpfad über die heimische Flora und Fauna

Vom Wanderparkplatz geht es auf dem Teerweg ein kurzes Stück nordwärts, bis unsere Route an der Hintenbachalm rechts abzweigt (Ww. Naturlehrpfad). An der Sonnwendalm, die eine original Kashütte ist, ändern wir die Richtung: Wir folgen dem gemütlich ansteigenden Forstweg nach Süden. Jenseits des Schöntalbachs zweigt die Rettenstein-Route (Gipfelstürmer hätten von der Hintenbachalm die Direttissima Jägersteig gewählt!) in den Schöntalgraben ab. An der Weggabelung genießen wir den schönen Einblick in die Westflanke der Spießnägel, die als das Reich der Gämsen gilt. Die wichtigsten Tiere und Pflanzen des Spertentals sind entlang des Weges auf Schautafeln abgebildet. Vom stark gefährdeten Auerhahn erfahren wir zum Beispiel Hintergründe zum Balzverhalten und zu den Fressgewohnheiten. Auch der „König der Lüfte", der Steinadler, darf nicht fehlen.

Wir passieren eine Schranke und folgen dem Bürgermeister-Herbert-Noichl-Weg abwärts. Unterwegs ergeben sich herrliche Tiefblicke in den Talgrund, auf der Hangseite gegenüber erkennen

wir bereits den Alpengasthof Labalm. Nach geruhsamem Abstieg erreichen wir im Talboden die Karalm (1321 m), die aufgrund ihrer Stiere im Volksmund auch „Stieralm" genannt wird. Nach Passieren des Bohrstattbrunnens mit seinem erfrischenden Quellwasser erfolgt vom Unteren-

Tiefblick auf den
Alpengasthof Labalm
vom Naturlehrpfad

Aktivität	Wanderung
Gehzeit	2 ¾ Std.
Höhenmeter	330
Strecke	8 km

Route Hintenbachalm → Sonnwendalm → Karalm → Labalm → Hintenbachalm

Anfahrt

ÖVM Mit der Bahn nach Wörgl, Regionalbahn nach Kirchberg, Postbus 4004 nach Aschau im Spertental (Wegstrecke +1 Std.)

Auto Inntalautobahn A12 Ausfahrt Wörgl Ost, B171 und 170 nach Kirchberg, L203 nach Aschau im Spertental, Mautstraße bis zum Parkplatz südlich der Hintenbachalm

Navigation N 47.355135°, E 12.288465°

Charakter Einfache Wanderung mit moderaten Anstiegen auf meist breiten Kies- und Teerwegen im Landschaftsschutzgebiet Spertental

Wegweiser Der Naturlehrpfad und die Almen an der Wegstrecke sind gut beschildert.

Karte Kompass-Wk 29 Kitzbüheler Alpen, 1:50.000

Grund-Weg der Abzweig zur Labalm. Der Parkplatz an der Hintenbachalm ist von hier nur knapp eine halbe Stunde entfernt.

Logenplatz mit ausgezeichnetem Essen

Von der schönen Gartenterrasse des Alpengashofs zeigt sich der imposante, 2366 Meter hohe Rettenstein von seiner schönsten Seite. Wenn am Abend die Sonne untergeht, färbt sich seine abweisende Nordwestwand in herrliche Orange-und-Rot-Töne. Die Küche genießt weithin einen vorzüglichen Ruf, zahlreiche Stammgäste aus Tirol und Bayern kehren hier regelmäßig ein. Bei schönem Wetter mischen sich

Bergtour auf den Rettenstein

Für die großartige Tour auf den Rettenstein wandert man vom Parkplatz Hintenbachalm wenige Meter zurück, steigt oberhalb der Schaukäserei Almsteig durch eine Waldpassage und ein weites Hochtal zur Schöntalalm, zweigt an der Schöntalscherm (Wasserquelle!) in den Steig ab, der über Wiesen, steile Schrofen (Steinschlaggefahr!) und zuletzt in leichter Kletterei zum Gipfel führt. Das Gipfelpanorama ist einzigartig: Nicht nur die Hohen Tauern sind zum Greifen nah, auch der Blick in Richtung Zillertaler, Kitzbüheler und Berchtesgadener Alpen fasziniert (3 ¾ Std., 1230 Hm).

Labalm-Terrasse mit Rettensteinblick

Alpengasthof Labalm 🏠

Inhaber Hanni und Harald Klingsbigl

Adresse Unterer Grund 85, A-6365 Kirchberg in Tirol

Telefon +43-676-6450342

E-Mail office@labalm.at

Web www.labalm.at

geöffnet Mai bis Oktober mit durchgehend warmer Küche

Einkauf Eier aus heimischer Landwirtschaft (Bodenhaltung); Holzalm, Wildschönau (Bergkäse); Tirol Milch mit AMA-Gütesiegel (Milchprodukte); Firma Niederwieser, Rum (Kartoffeln); Fleischlieferanten siehe Internet

Übernachtung Gepflegte Doppel- und Mehrbettzimmer

Vegetarische Schmankerltipps Pressknödelsuppe (4,50 €), Rote Rübenknödel auf Blattspinat (9 €), Schlutzkrapfen mit brauner Butter und Parmesan, dazu grüner Salat (12,40 €)

Schmankerltipp für Flexitarier Knödelteller Dreierlei – Speck-, Käse- und Spinatknödel mit brauner Butter und Bergkäse, dazu grüner Salat (11,90 €)

Rote Rübenknödel auf Blattspinat

zahlreiche Ausflügler hinzu, die Terrasse füllt sich rasch. Als Mitglied der Wirtevereinigung Brixentaler KochArt verwenden Hanni und Harald, die an diesem privilegierten Ort bereits seit 32 Jahren als Wirte tätig sind, fast ausschließlich frische, landwirtschaftliche Produkte von heimischen Herstellern. Konsequenterweise bekamen sie hierfür das AMA-Gastrosiegel verliehen.

Samstags kommen die Knödelfreunde voll auf ihre Kosten. Neben dem altbekannten Knödel-Trio aus Käse-, Speck- und Spinatknödel stehen auch köstliche Kombinationen wie Rote Rübenknödel auf Blattspinat oder Topfenkräuterknödel auf Gemüsebeet zur Wahl. Unbedingt probieren sollte man auch den Marillen- oder Zwetschgenknödel mit Butterbrösel. Der Kaiserschmarrn wird aus frischer Teigmasse zubereitet. Ab Spätsommer gibt es die Spezialitätenwochen vom Kelchsauer und Wildschönauer Almschwein, vom Brixentaler Wildhuhn und vom Wild aus den umliegenden Wäldern. Dass der Alpengasthof nicht nur bodenständig und schmackhaft, sondern auch raffiniert zu kochen versteht, zeigt sich zum Beispiel beim heimischen Ziegenkäse, der im Zucchinimantel mit lauwarmem Tomaten-Rucola-Salat und einem Balsamicoglace serviert wird.

Aktivität: Radtour | Gastronomie: Vollwert-Lokal mit regionalen Zutaten

Drei Flüsse, drei Almen und ein Vollwert-Lokal

Radtour zwischen Neubeuern und Erl

Mit drei Flüssen, drei Almen und großartigen Panoramen ist die landschaftliche Vielfalt auf der anspruchsvollen Bike-Runde groß. Die finale Einkehr in Auers Schlosswirtschaft liegt zwar etwas abseits der Route in Neubeuern, ist aber aufgrund ihrer ausgezeichneten Küche den kleinen Umweg allemal wert. Der 600 Meter von der Einkehr entfernte historische Marktplatz mit seinen schmucken Bürgerhäusern hat dem Ort 1981 zur Wahl zum „schönsten Dorf in Deutschland" verholfen. Leider ist der Dorffrieden seit Herbst 2012 ein wenig getrübt, da die Gemeinde, dem Bürgerwiderstand zum Trotz, in einer Nacht-und-Nebel-Aktion zwei urwüchsige, das Ortsbild prägende Kastanien hat fällen lassen.

Ab der Käsalm geht's nur noch bergab ...

Vom Wanderparkplatz in Nußdorf geht es direkt in das wildromantische Mühltal mit seinen Höhlenfelsen und der alten Wassermühle. Während die Steigung hier noch moderat verläuft, sind beim Abzweig Richtung Unterstuff einige Steilrampen zu bewältigen. An der T-Kreuzung halten wir uns rechts und folgen nach 400 moderaten Metern der Forststraße zum Waldparkplatz. Dann geht es zuletzt am Westhang des Feichtecks zur Wagneralm (kurzer Abstecher) empor, die je nach Wochentag erst kurz vor oder kurz nach Mittag öffnet. Von hier genießt man einen schönen Blick auf den Heuberg.

Anschließend geht es wieder 200 Meter auf dem Almfahrweg zum Wegkreuz zurück in den Wald (Ww. Schwarzrieshütte). Nach Passieren der Käsalm verengt sich der Weg mit Blick auf den Spitzstein in einer Linkskurve zu einem Trail, der durch ein Gatter über die Landesgrenze nach Tirol hinabführt. Die Schwarzrieshütte erreichen wir über den Fahrweg oder direkt, indem wir über

Abfahrt zur Schwarzrieshütte, Endspurt auf dem Inndamm

die Wiese abkürzen. An der Westseite der Hütte laden Liegestühle zum Entspannen ein.

Von der Hütte folgt die lange Abfahrt durch das Trockenbachtal. Das Gefälle ist im Schnitt so gering, dass man es permanent laufen lassen kann. Erst auf dem asphaltierten Schlussabschnitt nach Erl wird es deutlich steiler. An der Dorfkirche biegen wir links in die Hauptstraße und 100 Meter später rechts in den Kiesweg, der uns über Unterweidau rechts zum Inn führt (Ww. Inndamm nach Nußdorf). Es folgt eine sieben Kilometer lange Hochgenussstrecke auf dem Inndamm mit schönem Blick auf den Fluss und das sich öffnende Tal. Dann verlassen wir rechts den Inndamm und biegen an der ersten Kreuzung links, an der zweiten rechts ab (Tiefenthalerstraße). Ein Kiesweg führt uns links zur Kirche, an der Linde biegen wir links ab und erreichen

Aktivität	Radtour
Fahrzeit	2 ½ Std.
Höhenmeter	650
Strecke	33 km

Route Nußdorf → Wagneralm → Schwarzrieshütte → Erl → Nußdorf

Anfahrt

ÖVM Deutsche Bahn (DB) über Rosenheim nach Brannenburg, per Bike auf östlichem Bahnweg zur Straße nach Nußdorf, im Ort links zum Ausgangspunkt (+ 8 km)

Auto A8 und A93 Ausfahrt Brannenburg / Nußdorf, links nach Nußdorf, im Ort 100 m links zur Brücke am Mühltalweg

Navigation N 47.743595°, E 12.156265°

Charakter Durch das schattige Mühltal geht es auf das sonnige Hochplateau des Samerbergs, dann mit kurzen Steilpassagen über Wagner- und Käsalm zur Schwarzrieshütte. Lange Abfahrt durch das Trockenbachtal nach Erl und Rückkehr auf dem Inn-Radweg. Knapp 60 Prozent Kiesbelag, dennoch auch für Tourenräder geeignet!

Wegweiser Radrouten Von Baum zu Baum (Mühltal) und Inn-Radweg; Almen und Erl gut beschildert

Karte Alpenvereinskarte BY 17, Chiemgauer Alpen West, 1:25.000

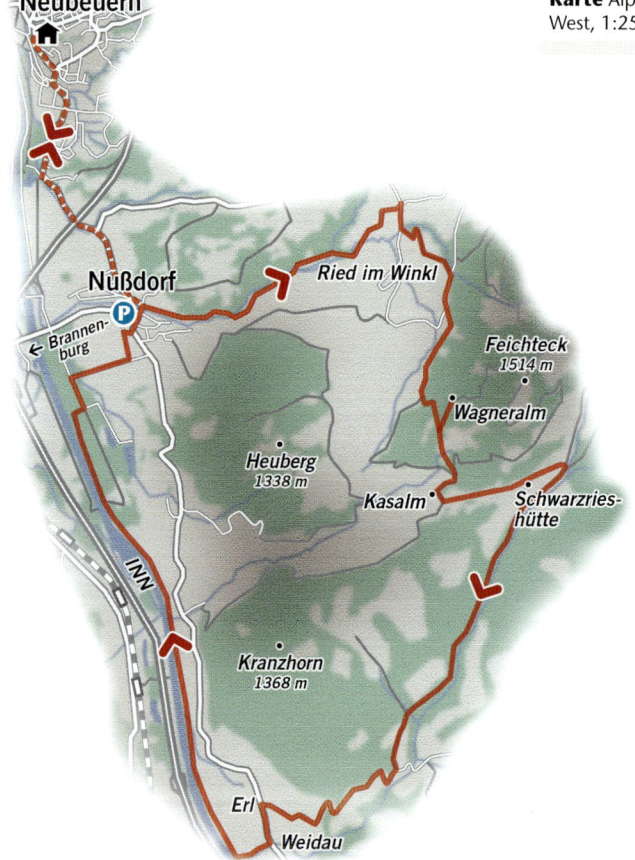

auf Angerweg und Hauptstraße unseren Zielort.

Pfiffige Vollwert-Küche in Auers Schlosswirtschaft

Auers Schlosswirtschaft liegt fünf Kilometer nördlich von Nußdorf in Neubeuern. Vor über 26 Jahren hat Astrid Hilse hier ein Vollwertlokal gegründet. Das Thema Nachhaltigkeit ist der Wirtin, die seit einigen Jahren auch als Küchenchefin fungiert, extrem wichtig, weshalb die Speisekarte abhängig von den Lieferungen, die teils von Nachbarn stammen, täglich wechselt. „Ich erhebe nicht den Anspruch, die Welt zu retten, aber ich hege den innigen Wunsch, durch nachhaltiges Handeln ein kleines Stück mithelfen zu können, unseren Planeten lebenswert zu erhalten", kommuniziert Astrid

Die Wahl zwischen Restaurant und Wirtsgarten

Hausgebeizte Lachsforelle mit Spargel und Zitronenmelisse

Auers Schlosswirtschaft 🏠

Inhaberin und Küchenchefin Astrid Hilse

Adresse Rosenheimer Str. 8, 83115 Neubeuern

Telefon 0 80 35 - 26 69

E-Mail kontakt@auers-schlosswirtschaft.de

Web www.auers-schlosswirtschaft.de

geöffnet Warme Küche Di.–Sa. 18 bis 22 Uhr (Vorbestellung erwünscht)

Einkauf Kräuter aus dem eigenen Garten, Bio-Eier aus Freilandhaltung; Wachinger Mühle, Winkl-Raubling (Mühlenprodukte und Bio-Getreide); Fischzucht Wasserwiesen, Rosenheim (Fisch und Lammfleisch); Fischerei Renate Schaber (Chiemseefisch); Schönwalder Spezialitäten (Geflügel, Wild, Feinkost)

Vegetarische Schmankerl Karotten-Orangen-Suppe mit Curry (6 €), Oliven-Reispflanzerl auf Zucchinigemüse in Paprikaschaum (14 €), Möhrenpolenta mit Bergkäse auf buntem Herbstgemüse mit Trompetenpilzen (14 €)

Schmankerltipp für Flexitarier Inntaler Rehrücken in Nusskruste mit Speckrosenkohl und Böhmischen Knödeln (21 €)

Hilse auf ihrer Website. Beispiel Fisch: Statt die auf der Roten Liste bedrohter Arten stehenden Rotbarsche oder Makrelen zu ordern, bezieht sie lieber einen Amur-Karpfen oder Huchen aus der heimischen Fischzucht Wasserwiesen.

Neben der Verwendung regional-saisonaler Produkte ist Astrid Hilse auch die Kreativität in der Küche wichtig. Nach dem Motto „Mein Haus, meine Küche, meine Ideen" sucht sie stets nach neuen Herausforderungen, da ihr „Dienst nach Vorschrift" und Monotonie zuwider sind. Zudem macht der Anteil an vegetarischen Speisen etwa ein Drittel des Gesamtangebots aus, darunter beispielsweise das Oliven-Reispflanzerl auf Zucchinigemüse in Paprikaschaum oder die Möhrenpolenta mit Bergkäse auf buntem Herbstgemüse mit Trompetenpilzen. Der Gast weiß die stets frische und delikate Fleisch-, Fisch- und Gemüseküche sehr zu schätzen, weshalb eine Vorreservierung beim Restaurant-Chef Christian Conrad, der zum Schlosswirt-Gründungsteam zählt, anzuraten ist. Zur Einkehr gehört auch eine stimmungsvolle Livebühne, in der einheimische Gruppen regelmäßig für Stimmung sorgen.

Aktivität: Radtour oder Spaziergang | Gastronomie: gepflegte bayerisch-alpenländische Bio-Küche

Philosophie der Nachhaltigkeit

Radrundtour zwischen Inn und Mangfall

„Unserer Philosophie entsprechend, legen wir bei all unseren Speisen besonderen Wert auf die verwendeten Rohstoffe und Zutaten. Fast ausschließlich entsprechen diese nachhaltigen und biologischen Gesichtspunkten und werden bei regionalen Erzeugern frisch eingekauft." Es gibt nicht viele Gastronomen im Landkreis Rosenheim, die ihre Strategie für gesundes Essen auf ihrer Website derart offensiv betreiben wie Lindners Restaurants. Dass der anerkannte Bio-Consulter Konrad Geiger das Küchenteam berät und unterstützt, ist ein Beleg für die Glaubwürdigkeit eines durchdachten Hauskonzepts. In Kombination mit der Zwei-Flüsse-Radtour entwickelt sich dieser Ausflugstag zum perfekten Genuss.

Unterwegs an Inn und Mangfall

Idealer Ausgangsort für die Radrunde ist der Rosenheimer Bahnhof, von dem man die Münchener Gießereistraße ostwärts rollt und ab der Kreuzung von den Radwegweisern rasch zum Inn geleitet wird. Die folgenden 18 Kilometer geht es flussabwärts meist direkt am Strom entlang, der in diesem Bereich eher träge vor sich hin fließt. An der ersten Straßenbrücke hält man sich links, überquert die B 15 und steuert Richtung Zellerreit zum Bahngleis. Hinter der Unterführung verlässt man beim Sägewerk Eich das Inntal auf einer kleinen Teerstraße und fährt über Unterlohen und Meiling nach Rott am Inn. Von dort geht es durch den Rotter Forst nach Dettendorf und in kurvenreicher Fahrt nach Ostermünchen.

Aktivität   Radtour
Fahrzeit   4 Std.
Höhenmeter   150
Strecke   57 km

Route Rosenheim → Katzbach → Rott am Inn → Ostermünchen → Tuntenhauen → Bad Aibling → Rosenheim

Anfahrt

ÖVM Deutsche Bahn (DB) nach Rosenheim

Auto A 8 Ausfahrt Rosenheim, Parkplatz in Bahnhofs-nähe

Navigation N 47.850722°, E 12.118864°

Charakter Relativ lange Radtour mit flachem Strecken-verlauf in Inn- und Mangfalltal. Etwas anspruchsvoller ist der hügelige Wald- und Wiesen-Abschnitt nach Ostermünchen.

Wegweiser Inn-Radweg bis Rott am Inn, „Von Baum zu Baum" zwischen Ostermünchen und Bad Aibling, Mangfall-Radweg nach Rosenheim

Karte Kompass-Wk 181 Rosenheim, 1:50.000

Spaziergang in Kurgarten und Birkenallee

Von der Gasse An der Waage führt der Ratholdussteig in Treppen zu einem großen Parkplatz hinauf, von dem man leicht rechts haltend nach wenigen Metern die schöne Birkenallee erreicht. Nach Umkehr in Harthausen biegt man kurz vor dem Rechtsabzweig einer weiteren Birkenallee links in den Fußweg. An der Kolbermoorer Straße hält man sich rechts und biegt links in die Straße Am Kollersberg (Ww. Kurpark) ab. An der auffälligen Garten-Lärche geht es rechts zu einem Fußweg, der uns links zu einem weiteren Parkplatz hinabführt. Der Eingang zum Kurpark mit Duft- und Tastgarten sowie Wasserlehrpfad ist von hier nicht zu übersehen. Nach Passieren des Kurhauses gelangt man am Kanal (Ww. Stadtmitte) und rechts auf der Irlach-straße zum Marienplatz zurück.

Heiligenfigur in der Wallfahrtskirche Mariä Himmelfahrt in Tuntenhausen; Landschaftsimpression am Inndamm

Katzbach

Rott am Inn

Oster-münchen

Tunten-hausen

Schechen

INN

Bad Aibling

Kolbermoor

MANGFALL

Rosenheim

Nach kurzer Abfahrt Richtung Tattenhausen quert man rechts nach Berg und Tuntenhausen. Dort führt die Pfarrer-Lampl-Straße zur Wallfahrtskirche Mariä Himmelfahrt, deren Inneres mit reichlich Stuck versehen ist. Nach der Abfahrt von der Kirche hält man sich links und steuert über Schmidhausen, Jakobsberg, Fischbach und Holzhausen mit Blick auf den markanten Wendelstein südwärts zuletzt auf der Hauptstraße nach Bad Aibling. In der Stadt peilen wir den zentralen Marienplatz an, wo das Hotel-Restaurant Lindners nicht zu übersehen ist.

Bio-Küche mit Nachhaltigkeitsanspruch

Bei warmem Wetter sitzt man am schönsten auf der Terrasse im Innenhof. Die Terrassenkarte bietet eine stimmige Mischung aus der gehobenen alpenländischen Küche der Stub'n und dem modernen Konzept der Waage. Letztere bietet neben Fisch und Fleisch vom offenen Buchenholzgrill auch diverse Salate und vegetarische Speisen, die fast ausschließlich aus nachhaltigem und biologischem Anbau stammen. Delikat schmecken auch der Flammkuchen und die Grilltorte – zwei mit Grillgemüse und geräuchertem Mozzarella belegte Weizentortillas – aus dem Buchenholzofen.

Bewährt hat sich das neue Wiege-Konzept: Man holt sich sein Essen vom Buffet je nach Hunger in kleinerer oder größerer Portion und wird an der Kasse pauschal mit drei Euro je 100 Gramm abgerechnet. Und das exakt an jenem Platz, an dem die Aiblinger Stadtwaage im Mittelalter die Gewichte des Händlerguts gewogen hat. Es hat seinen Grund, dass auch die nördlich angrenzende Gasse „An der Waage" heißt. In der Gegenrichtung ist Bayerns größter Holzofen-BBQ-Grill nicht zu übersehen: Er wird nicht nur zu Veranstaltungen angeworfen, sondern dient gelegentlich auch zum Vorgaren für den kleineren Buchenholzgrill.

Für die Umsetzung seines Nachhaltigkeits-Konzepts engagierte das Hotel-Restaurant Lindners 2010 Konrad Geiger als Consulting-

In Lindners Waage wird das Essen an der Buffetkasse nach Gewicht abgerechnet.

![Restaurantterrasse im Innenhof]

Angenehme Atmosphäre auf den Restaurantterrassen im Innenhof

Koch, der in den USA aufwuchs und später in der Schweiz, auf dem Kreuzfahrtschiff MS Europa und zuletzt in der Fürstenfelder Gastronomie als Küchenchef arbeitete. Konrad Geiger ist nach dem Grundsatz „Die gut gemachten Dinge kennen keine Grenzen, die schlecht gemachten haben keine Zukunft" der festen Überzeugung, dass Produkte aus biologischem Anbau und artgerechter Tierhaltung für die gehobene Küche obligatorisch sind.

Ausrollen auf dem Mangfall-Radweg

Für die Schlussetappe steuern wir vom Zentrum auf der Rosenheimer Straße zur nahen Mangfall. Nach entspannter Fahrt am Flussufer erreichen wir über Kolbermoor Rosenheim und folgen den Radwegweisern zum Rosenheimer Bahnhof.

Lindners Restaurants

Geschäftsführer Marko Achilles
Küchenchef Caspar Meurer

Adresse Marienplatz 5, 83043 Bad Aibling

Telefon 0 80 61 - 906 30

E-Mail waage@lindners.net

Web www.lindners.net

geöffnet Täglich 6.30–23 Uhr (Waage); Di.–So. 18–23 Uhr, So./Fei zusätzlich 11.30–14.30 Uhr (Stub'n)

Einkauf Bei Lieferanten mit Sinn für nachhaltigen Umweltschutz, z.B. Obermooser Bio-Hofkäserei (Käse) und Bio-Metzgerei Landfrau (Ochsenfleisch)

Übernachtung Lindners 4-Sterne Romantik Hotel

Vegetarische Schmankerltipps Kokosmilch-Curry-Suppe – Wokgemüse, Lauchzwiebeln, frischer Koriander (7,50 €), vegetarisches Tartar aus Sojagranulat, Rote-Beete-Saft, Gewürzen, gewürfelten Zwiebeln, Kapern und Gurken (klein 8,50 €), Grilltorte – zwei Weizentortillas belegt mit Grillgemüse, geräuchertem Mozzarella, Olivenöl, Sour Cream, Salsa (9,50 €), gratinierter Ziegenkäse mit Thymianhonig auf Feld- und Blattsalaten (9,50 €), 3 Spinatknödel mit brauner Butter und geriebenem Bergkäse (12,50 €)

Aktivität: Radtour | Gastronomie: regional, saisonal, frisch und bodenständig

Nachhaltigkeit und Nähe zur Natur

Radtour zwischen Bad Aibling und Bad Feilnbach

„Nur erlesene Zutaten verfeinern unsere Waren und geben ihnen die einzigartige Note." Mit diesem Satz bewirbt die Alchemilla ihre kleinen Einkaufsläden in Bad Feilnbach und Kolbermoor, die neben einheimischen Lebensmitteln unter anderem auch Kunsthandwerk anbieten. Der kulinarische Leitfaden im Feilnbacher Gasthof Pfeiffenthaler und im Kolbermoorer Alchemilla-Café lässt sich ebenfalls mit dem Stichwort „Nachhaltigkeit" beschreiben. Schirmherrin des stimmigen Gesamtkonzepts ist Agnes Pfeiffenthaler, die den Gasthof in der dritten Generation führt.

*Genuss-Radstrecken am Jenbach (l.),
im Bad Feilnbacher Obstland und an
der Mangfall*

Aktivität	Radtour
Fahrzeit	3 Std.
Höhenmeter	120
Strecke	35 km

Route Bad Aibling → Au → Bad Feilnbach → Westerndorf → Kolbermoor → Bad Aibling

Anfahrt

ÖVM Regionalbahn von Holzkirchen und Rosenheim nach Bad Aibling

Auto A 8 Ausfahrt Bad Aibling, St2089 in die Stadt, nach Überqueren der Mangfall links in die Gang-hoferstraße, die per Rechtsknick in die Lindenstraße übergeht, vor dem Bahngleis links in die Straße Am Güterbahnhof

Navigation N 47.861823°, E 12.004023°

Charakter Aussichtsreiche und gemütliche Rundtour ohne nennenswerte Steigungen mit Durchquerung der Kollerfilzen und einem Abschnitt an der Mangfall

Wegweiser „Radeln rund um Rosenheim", Boden-see-Königssee-Radweg zwischen Bad Feilnbach und Kleinholzhausen, „Von Baum zu Baum" nach Kolber-moor, Mangfall-Radweg zwischen Kolbermoor und Bad Aibling

Karte Kompass-Wk 181 Rosenheim, 1:50.000

Dem Mangfallgebirge entgegen

Die Radtour beginnt am Hinterausgang des Aiblinger Bahnhofs. Etwas westlich steuern wir von der Straße Am Güterbahnhof südwärts zur Gartenstraße und dort in einer Rechts-Links-Kombination auf der Lagerhausstraße zur Sonnenstraße. Hier halten wir uns rechts und stoßen nach 600 Metern auf den bestens beschilderten Radweg nach Bad Feilnbach (Ww. „Radeln rund um Rosenheim"; Salz-Samer-Weg). Anfangs geht es durch Baumalleen abseits des Verkehrs aus dem Ort heraus, dann über Willing und Berbing unter der Autobahn hindurch stets auf das Mangfallgebirge zu.

Die Route führt durch den östlichen Ortsrand von Au am Aubach entlang und mit schönem Blick auf den Wendelstein nach Südosten. Die letzten zwei Kilometer bis Bad Feilnbach ist der Jenbach unser Begleiter, wobei wir die

Gasthof Pfeiffenthaler 🏠

Inhaberin Agnes Pfeiffenthaler
Küchenchef Georg Pfeiffenthaler

Adresse Kufsteiner Str. 10, 83075 Bad Feilnbach

Telefon 08066-202

E-Mail info@pfeiffenthaler.de

Web www.pfeiffenthaler.de

geöffnet Di.–So. 8–23 Uhr, Mo. Ruhetag

Einkauf Ökoring (Salat, Gemüse); Hof Willing (Kartoffeln); Metzgerei Anton Wimmer, Rosenheim (diverses Fleisch); Stephanie Schratzlseher (Galloway-Rind)

Übernachtung Einzel- und Doppelzimmer im Gasthof

Vegetarische Schmankerl Kürbis-Apfel-Suppe mit Kernöl (3,90 €), Kräuter-Maispolenta auf vegetarischem Thai-Curry (8,50 €), Gemüse-Lasagne mit Sauce Béchamel und Tomatensauce

Schmankerltipp für Flexitarier Ochsenlende vom Grill mit Pfeffersauce, Gemüse und Kartoffeln (14,90 €)

Ein Hochgenuss für Vegetarier: Kürbis-Apfel-Suppe mit Kernöl, Kräuter-Maispolenta auf vegetarischem Thai-Curry und Zwetschgenknödel mit Kompott

Bodensee-Königssee-Route am Ende verlassen. Im Ortskern rollen wir auf der Kufsteiner Straße westwärts dem Gasthof Pfeiffenthaler entgegen.

Traditions-Gasthof mit modernen Ideen

Bei schönem Wetter ist der gepflegte Gastgarten an der Südseite des schmucken Gasthofs zu empfehlen. Ausgewachsene Bäume spenden Schatten und schaffen fast eine Parkatmosphäre. Die Tafernwirtschaft wurde 1824 erbaut und 1936 von der Familie Pfeiffenthaler übernommen. Der als Küchenchef fungierende Georg junior gehört bereits der vierten Generation an, und seine Leidenschaft für innovative und schmackhafte Gerichte zeugt von seinem Tatendrang am Fortgang dieser Tradition. Seine Mutter Agnes repräsentiert die dritte Generation als Inhaberin und „gute Seele" des Hauses. Im benachbarten Laden Alchemilla findet sie Zeit für ein Schwätzchen mit ihren Kunden, und spätestens anlässlich des zweimal jährlich im eigenen Gelände stattfindenden „Weibamarkts" ist sie voll in ihrem Element: Zugelassen sind nur Frauen mit eigenen Produktideen! 2013 jährte sich der Markt zum zehnten Mal. Und zum 1. Mai feierte die Chefin ihr 30-jähriges Jubiläum als Inhaberin des Gasthofs mit einem Strauß Rosen und einer „Fahrt ins Blaue" im Rahmen eines Betriebsausflugs …

Auf der Speisekarte stehen nicht nur vegetarische Gerichte wie Sellerieschnitzel, Gemüsepfanne oder Spinatnockerl zu Wahl, sondern es wird auch ein veganes Essen angeboten. Der Fleischlieferant Anton Wimmer aus Rosenheim ist Mitglied bei der „Offenen Stalltür" und birgt somit für hohe Qualität. Gelegentlich importiert die Köchin Stephanie Schratzlseher auch bestes Fleisch vom hofeigenen Galloway-Rind in die Pfeiffenthaler Küche.

Ein Moorgebiet und eine besondere Kirche

Nach der Einkehr geht es auf der Kufsteiner Straße ostwärts aus dem Ort heraus. Wir münden in die Staatsstraße, die wir nach 200 Metern links verlassen. Weitere 400 Meter später biegen wir rechts in die überregionalen Rad- und Wanderrouten und pedalen über Wiechs – herrliche Obstblüte ab Mitte April! – und Kleinholzhausen bis zu jener Gabelung, an der sich unsere Route am Ortsrand von Großholzhausen abrupt nach Norden abwendet (Ww. Radroute 36). Kurz darauf verlassen wir den Bodensee-Königssee-Radweg auf der Radroute 37.

Es folgt ein landschaftlich sehr reizvoller Abschnitt durch die Kollerfilzen, ein renaturiertes Torfabbaugebiet. In Westerndorf, das in einer Geländesenke („unterer Wasen") liegt, können wir die bekannteste Rundkirche Oberbayerns mit seiner seltenen barocken Zwiebelkuppel bewundern. Nach einer kleinen Steigung halten wir uns an der Straßengabelung links (Ww. „Radeln rund um Rosenheim") und folgen der Route nach Kolbermoor. Noch vor der Mangfallbrücke münden wir in die Mangfall-Route und steuern auf der Unteren Mangfallstraße in westliche Richtung. Für den Abstecher zum Alchemilla-Café an der alten Spinnerei (Mo. – Fr. 9–18, Sa. 9–16 Uhr) überqueren wir auf der folgenden Brücke die Mangfall nebst Kanal. Wer es eilig hat, überquert den Fluss erst in Bad Aibling und steuert vor Erreichen des Bahngleises links auf der Ganghofer- und Lindenstraße zum Bahnhof zurück.

Aktivität: Bergwanderung oder Ski-Langlauf | Gastronomie: Tiroler Küche mit vegetarischer Note

Grandiose Felskulisse

Wanderung von der Gernalm auf den Kompar

Die Strecke von Pertisau am Achensee über das Plumsjoch in die Eng ist vor allem bei Bikern wohlbekannt. Bei offiziellen Challenge-Rennen messen schon mal 1200 Sportler gleichzeitig ihre Kräfte, und auch als Alpencross-Etappe Richtung Gardasee pedalt man hier nach oben. Für Wanderer ist der Anstieg auf dem breiten Kiesweg zwar weniger spannend, doch die grandiose Felslandschaft der benachbarten Karwendelgipfel ist Ansporn genug. Und richtig schön ist dann der Anstieg zum Kompar!

![Der Anstieg zum Kompar verläuft kurzweilig über saftige Wiesen und durch einzelne Latschenfelder.]

Der Anstieg zum Kompar verläuft kurzweilig über saftige Wiesen und durch einzelne Latschenfelder.

Erst der Fahrweg, dann ein anregender Steig

Das erste Teilstück verläuft mit Blick auf die eindrucksvolle Felspyramide der Mondscheinspitze nur leicht ansteigend in den hinteren Talboden der Pletzach, dann schraubt sich der Fahrweg in zahlreichen Serpentinen in die Höhe. Am Plumssattel öffnet sich ein phantastischer Blick über den Großen Ahornboden in das zentrale Karwendelgebirge, der uns im weiteren Verlauf zunehmend in den Bann ziehen wird.

Aktivität	Bergwanderung
Gehzeit	5 Std.
Höhenmeter	900

Route Parkplatz Gernalm → Plumsjochhütte → Kompar und zurück

Anfahrt

Auto A 8 Ausfahrt Holzkirchen, B 318, B 307 und L 181 über Tegernsee nach Maurach am Achensee, L 220 nach Pertisau, Mautstraße zu großem Wanderparkplatz (Gernalm im Pletzachtal)

Navigation N 47.45231°, E 11.634886°

Charakter Der gut 3 km lange Anmarsch zur Plumsjochhütte verläuft auf einem serpentinenreichen Fahrweg und könnte auch mit dem Bike zurückgelegt werden! Anschließend auf schönen Pfaden in angenehmer Steigung durch Latschenfelder, über Wiesen und zuletzt steil entlang der Gratkante zum Kompar. Großartiger Karwendelblick!

Wegweiser Plumsjochhütte und Kompar bestens beschildert, Wege gut markiert

Karte Kompass-Wk 027 Achensee, 1:35.000

Spaß und Heiterkeit beim Abstieg durch die kleine Felsrinne

Dann erreichen wir leicht absteigend die Plumsjochhütte, deren 30 Übernachtungslager während der Hochsaison rasch ausgebucht sind. Auf der Terrasse kann man sich mit deftiger Tiroler Hausmannskost stärken.

Fortan werden Gelände und Wegführung deutlich spannender. Nach kurzem Anstieg auf dem Hütten-Wiesenhang quert der Steig durch den südlich ausgerichteten Latschenhang des

Ski-Langlauf vom Feinsten

Da Pertisau dank seiner landschaftlich großartigen Loipen zu den Ski-Langlauf-Eldorados Tirols zählt, lohnt der Ausflug auch im Winter. Die Krönung ist das neun Kilometer lange Falzthurntal, in dem das schroffe Bergtrio Sonnjoch, Schaufel-Spitze und Bettlerkar-Spitze im frostigen Winterkleid eine hochalpine Bilderbuchkulisse bildet. Ebenfalls sehr schön, aber weniger spektakulär ist das benachbarte Gerntal, während das Tristenautal sich bestens zum Einfahren eignet. Skater und klassische Langläufer kommen in dem schneesicheren Drei-Täler-Winkel übrigens gleichermaßen auf ihre Kosten.

Fotogene Wolkenstimmung am Gipfel des Kompar mit Blickrichtung Hochnissl-Spitze und Lamsenspitze

Satteljochs. Unterwegs muss eine leichte Kletter-
stelle gemeistert werden, die aber nur barfuß –
eine unserer jugendlichen Begleiterinnen hatte
sich probehalber die Schuhe ausgezogen – eine
Herausforderung darstellt. Mit Blick auf den
näher rückenden Kompar erreichen wir eine
Einsattelung mit Abstiegsmöglichkeit in die Eng.
Unser Steig führt über eine Geländestufe an herr-
lichen Blumenwiesen vorbei – im Sommer blühen hier neben zahlreichen Kohlröschen und
Sonnenröschen auch die hübschen Steinröschen!
– zum südwestlich ausgerichteten Gratrücken.
Den Ausspruch „In fünf Minuten sind wir oben"
sollte man an der Wegkehre ob der Steilheit des
Geländes etwas nach oben korrigieren. Dafür
begeistern auf dem kreuzfreien Doppelgipfel
(2011 m) das nach Nordosten ebenso über-
raschend wie abrupt abfallende Steilgelände
und das Panorama der imposanten Karwendel-
Fels-Galerie im Süden.

Für den Rückweg empfehlen wir die Variante auf dem gut sichtbaren Graspfad (Abzweig
links knapp unterhalb des Gipfels), der an der
Aufstiegsroute direkt in eine herrliche Liegewiese mündet. „Schönes Foto mit einem wunderba-
ren Hintergrund. Das war sehr gemütlich", sollte
unsere junge Pariser Dame – zum ersten Mal in
den Alpen! – diesen Ruheort später auf Facebook
kommentieren. Und: „Ich bin sehr begeistert,
diese wunderbare Zeit mit Euch verbracht zu
haben", was auch als Kompliment an den Natur-
park Karwendel zu verstehen ist. Der weitere
Abstieg verläuft auf der Aufstiegsroute.

Kunst und Kreativität beim Kochen

Der Dorfwirt ist vom Parkplatz an der
Gernalm rasch erreicht (Abzweig von der Landstraße Richtung Zentrum). Seit über 25 Jahren
führt die Familie Sandgruber das rustikal einge-

richtete Lokal. Während sich die Eltern mehr und mehr aus dem Tagesgeschäft zurückziehen, verwirklichen die beiden Söhne ihre neuen Ideen. Christoph „befreit" mit dem angrenzenden Irish Pub Shake's Beer den Ort aus der Lethargie des fehlenden Nachtlebens, und Florian läuft in der Küche zu beachtlicher Form auf.

Der junge Küchenchef begann schon im Alter von sieben Jahren mit dem Kochen und nur fünf Jahre später bereitete er auf der Gaisalm einer Gruppe ein Filet Wellington zu, was nicht nur seinen Vater sehr beeindruckte. Heute ist er, nach der Ausbildungszeit in einem Brixlegger Haubenlokal, ambitioniert, Kunst und Kreativität beim Kochen zu vereinen. Durch die Lust am Experimentieren wird ihm nie langweilig, und die Gäste wissen die Qualität der frischen Speisen zu schätzen. Auf der Speisekarte stehen über 100 Gerichte zur Wahl, darunter Tiroler Schmankerl wie Schlutzkrapfen, Kasspatzen, Speckknödel und Gröstel. Wer vegetarische Kost bevorzugt, bestellt zum Beispiel hausgemachte Grünkernlaibchen, Polentaschnitte auf Tomatensauce, Gemüsestrudel, Gnocchi, Spinatnocken oder den Tiroler Dreiklang bestehend aus Brokkolinudeln, Auberginenspaghetti und Käsenocken.

Hausgemachte Grünkernlaibchen auf Käsesoße mit Appettit anregender Brunnenkresseblüte dekoriert

Dorfwirt 🏠

Inhaber Familie Sandgruber
Küchenchef Florian Sandgruber

Adresse A-6213 Pertisau 31a

Telefon +43-5243-5505

E-Mail info@dorfwirt-pertisau.at

Web www.dorfwirt-pertisau.at

geöffnet Täglich außer Di. 11–21 Uhr; Aug. bis Okt. ohne Ruhetag; Mitte Nov. bis Mitte Dez. geschlossen

Einkauf Hannes Moser, Tauer bei Hall (Gemüse); Anton Kandler, Pertisau (Saibling und Forelle aus dem Achensee); Metzgerei Leitner, Jenbach (Wurst und Schinken)

Übernachtung Zimmer mit Dusche und WC (ab 2014 renoviert)

Vegetarische Schmankerltipps Karotten-Ingwer-Suppe (3,90 €), Polentaschnitte auf Tomatensauce mit Zucchini und Käse überbacken (8,50 €), Spinatnocken in Gorgonzolarahmsauce mit Mozzarella überbacken (9,80 €), Tiroler Dreiklang – Brokkolinudeln, Auberginenspaghetti und Käsenocken (9,80 €)

Der Dorfwirt liegt etwas abseits des Zentrums

Aktivität: Wanderung | Gastronomie: gehobene Sterneküche

Herrliche Aussicht auf den Tegernsee beim Großen Paraplui

Urlaubsflair mit feinem Essen

Wanderung von Gmund am Tegernsee nach Rottach-Egern

Natürlich spiegelt sich die Virtuosität eines Sternekochs immer auf der anspruchsvollen Abendkarte wider. Wer also Lust auf ein besonderes mehrgängiges Überraschungsmenü hat, sollte erst ab 18 Uhr bei Alois Neuschmid vorbeischauen. Will man an einem schönen Sommertag aber nach der Wanderung auf dem Tegernseer Höhenweg die Option Boots-Rückkehr nach Gmund mit finaler Schwimmeinheit im kühlen See nutzen, bietet sich die mittägliche Einkehr im Restaurant Lois an. Spätestens an Bord der „Rottach-Egern" mit Blick auf den See und die umliegenden Berge kommt echtes Urlaubsflair auf.

Unterwegs auf dem Tegernseer Höhenweg

Unser Wanderparkplatz in Gmund liegt praktischerweise unmittelbar am Strandbad und an der Fähranlegestelle. Eine Übersichtskarte zeigt den Tegernsee in seiner ganzen Größe, wenngleich unsere Route nicht eingezeichnet ist. Sie ist aber von Anfang an bestens beschildert: Gegenüber vom Parkplatz folgt man dem gelben Wegweiser die Kurstraße hinauf zum Tegernseer Höhenweg. Die aussichtsreiche Route führt wechselweise über Wiesen und durch schöne Waldpassagen mit Bachquerungen über Quirin in Richtung Süden. An einer unmarkierten Gabelung nehmen wir den oberen Weg. Nach einem kurzen Steilanstieg steigen wir rechts zum beschilderten Tegernseer Bahnhof ab.

Im Ort Tegernsee folgen wir der Bahnhofstraße nach Süden, überqueren den Alpbach und biegen links in die Lärchenwaldstraße (Ww. Tegernseer Höhenweg nach Rottach-Egern). An der folgenden Weggabelung wählen wir die obere Variante, die mit dem „Walderlebnispfad Lärchenwald" identisch ist. Hier lernen wir auf verschiedenen Stationen die heimische Waldflora nebst Vögeln kennen und werden zudem mit Naturrätseln auf die Probe gestellt. Am Ende des Lehrpfads erreichen wir den Großen Paraplui mit herrlichem Blick auf das Südende des Tegernsees.

Nach kurzem Abstieg (Ellingerstraße) folgt der Gegenanstieg am Leeberghof vorbei (siehe aktiv sein und schlemmen, Band 3) zurück in den Wald. Rottach-Egern und der den Ort beherrschende Wallberg liegen bei der genussvollen Hangquerung direkt vor uns. Der beschilderte Abstieg leitet uns über die Tuftenstraße zum Rottachdamm, dem wir von der Brücke bachabwärts 250 Meter weit bis zur nächsten Brücke folgen. Wir überqueren die Brücke, halten uns an der Ludwig-Thoma-Straße 100 Meter rechts, um

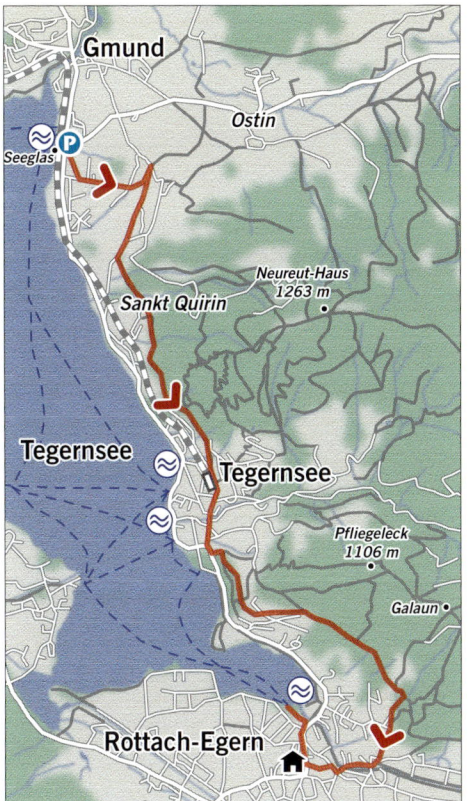

Aktivität	Wanderung
Gehzeit	3 Std.
Höhenmeter	250
Strecke	10 km

Route Gmund am Tegernsee → Tegernsee → Rottach-Egern

Anfahrt

ÖVM Mit der Bayerischen Oberlandbahn (BOB) stündlich von München nach Gmund am Tegernsee

Auto A 8 Ausfahrt Holzkirchen, B 318 nach Gmund am Tegensee, an der Ampelkreuzung geradeaus Richtung Tegernsee, großer Parkplatz am Strandbad

Rückfahrt Von Rottach-Egern fahren Busse und Boote (www.seenschifffahrt.de) nach Gmund zurück.

Navigation N 47.741834°, E 11.737046°

Charakter Erholsame Wanderung oberhalb des Tegernsee-Ostufers mit anhaltend schönen Blicken auf den See und die umliegenden Berge. Schattige Waldpassagen wechseln mit kurzen Teerstrecken ab.

Wegweiser Der Tegernseer Höhenweg ist bestens beschildert, wenngleich die Orientierung durch zahlreiche Varianten (!) manchmal etwas schwierig ist (ab Tegernsee kleingedruckten Zusatz „nach Rottach-Egern" beachten).

Karte Kompass-Wk 8 Tegernsee Schliersee, 1:50.000

links auf der Leo-Slezak-Straße zur Nördlichen Hauptstraße zu gelangen. Das Lois Restaurant liegt weitere 100 Meter links.

Zu Besuch beim „Überraschungs-" Sternekoch

Sowohl die Terrasse an der Hauptstraße als auch das moderne Interieur mit bordeaux-farbenen Ledersitzecken an hellgrünen Wänden vermitteln auf Anhieb jene Legerheit und Un-aufdringlichkeit, auf die Alois Neuschmid und sein Team so viel Wert legen. Der Gast soll den Aufenthalt einfach genießen und Spaß haben. Und diese Lockerheit überträgt der Küchen-chef auch auf seine Küchenphilosophie. Kreativ

sein und etwas Neues ausprobieren, lautet seine Devise. Als er im November 2012 einen „Über-raschungs-Michelin-Stern" verliehen bekam, war er anfangs von den Socken, da er eine gestiegene Erwartungshaltung fürchtete. Doch nach der kurzen Schockstarre fand er den Stern dann doch ganz cool, schließlich machte er zur Freude seiner vielen Stammgäste einfach weiter wie bisher.

Seit 2009 führt Alois Neuschmid sein Re-staurant Lois mit viel Erfolg. Ausgehend von seiner Tiroler Heimat Thiersee zieht seine Kochkarriere, von Umwegen in die Schweiz, nach Frankreich und in das Tantris in Mün-chen abgesehen, eine Spur über Bayrischzell und Schliersee bis an den Tegernsee. Die Nähe

Sympathisch-legere Atmosphäre im Restaurant Lois

zum See und das umliegende Mangfallgebirge geben ihm Energie für die anspruchsvolle Tätigkeit als Spitzenkoch. Sein Engagement in der Küche lässt nur selten einen Radausflug, der ihm jedes Mal wieder Freude bereitet, in die Valepp und zur Erzherzog-Johann-Klause zu.

Mittags bestellt man von der täglich wechselnden Tafel oder der Klassikerkarte. Den in Sesam gebratenen Ziegenkäse mit eingelegtem Rhabarber zu kombinieren, erweist sich als Glücksgefühl für die Geschmacksnerven. Und auch das mit einer luftigen Panade servierte Wienerschnitzel harmoniert bestens mit dem Kartoffel- und Gurkensalat. Von Brot über Pasta bis zu Kuchen und Eis ist alles selbstgemacht. Doch das wahre Können des Küchenchefs offenbart sich erst beim mehrgängigen Abendmenü, für das man vorreservieren sollte. Der Gast schließt Zutaten aus, die er nicht mag oder verträgt – Vegetarier sollten sich einen Tag vorher „outen!" –, und schon zaubert Alois mit Lust und Phantasie immer wieder neue Kreationen hervor. An der langen Tafel mit 20 Sitzplätzen können die Gäste ihre Geschmackserlebnisse dann untereinander austauschen. Am letzten Donnerstag eines Monats, außer im Sommer, ist „Tafeln" angesagt: Die Gäste von Lois und Franz, einem Rottacher Weinhändler, werden dann mit besonders ausgesuchten Weinen zu den Speisen verwöhnt.

Rückfahrt mit Fähre oder Bus

Nach der Einkehr bummeln wir an der Nördlichen Hauptstraße nordwärts, biegen nach Passieren der Seestraße links in den Max-Josef-Weg und erreichen nach 300 Metern das Seeufer mit der Fährstation (Fahrpreis 7,90 €, Dauer 50 Min.). Alternativ bringt uns der Bus zum Ausgangsort zurück.

Essen und Interieur: gleichermaßen kreativ und farbenfroh …

Restaurant Lois 🏠

Inhaber und Küchenchef Alois Neuschmid

Adresse Nördliche Hauptstr. 1, 83700 Rottach-Egern

Telefon 08022-6607208

Web www.restaurant-lois.de

geöffnet Warme Küche Mi.–So. 12–14 und 18–21.30 Uhr

Einkauf Möglichst einheimische Produkte mit hoher Qualität; Fischzucht Louisenthal, Gmund am Tegernsee (Forellen und Saiblinge); Kartoffelhof Brunner, Waakirchen

Vegetarische Schmankerltipps Lauchschaumsuppe (6 €), in Sesam gebratener Ziegenkäse, eingelegter Rhabarber, Salat (12,50 €)

Schmankerltipps für Flexitarier Hausgemachte feine Nudeln mit gebratenen Riesengarnelen und Krustentierfond (19,50 €), Blattsalate mit verschiedenen gebratenen Fischen und Chilivinaigrette (14,50 €), 4-Gang-Überraschungs-Menü (48 €; abends)

Aktivität: Bergwanderung | Gastronomie: hochwertige Heumilchprodukte

Vorzeige-Betrieb im Tegernseer Tal

Wanderung von Scharling auf den Hirschberg

Dieses 2007 ins Leben gerufene Tegernseer-Tal-Modell hat Vorbild-charakter: Regionale Bauern schließen sich zu einer Genossen-schaft zusammen, um in der eigenen Naturkäserei täglich etwa 5500 Liter Milch zu Milchprodukten von 600 Kilogramm zu verarbeiten und direkt zu vermarkten. Somit können die land-wirtschaftlichen Betriebe auf der Basis der silofreien Fütterung überleben und der Verbraucher profitiert von den gesunden Lebensmitteln. Das Konzept kommt beim Kunden so gut an, dass Terrassen-Café, Verkaufstheke und Ausstellungsräume mindestens ebenso gut frequentiert sind wie der Hirschberg, einer der belieb-testen Münchner Hausberge …

Hirschberg-Aufstieg über die Rauheckalmen

Vom Parkplatz in Scharling führt uns der Rauheckweg nach Süden und der Bachlerweg zum nahen Skilift (Ww. Hirschberg-Sommerweg). Die Piste ist zwar überschaubar, aber relativ steil, und da der Steig gnadenlos am Waldrand emporzieht, kann man hier schon mal ins Schnaufen gera-ten. Dafür verläuft die anschließende Forstweg-passage zu den Rauheckalmen umso moderater. Wir lassen die Almen links liegen und gelangen nun wieder auf einem Steig zum breiten Grat-rücken. Rechts taucht das Hirschberghaus auf, doch auch der 1670 Meter hohe Hirschberg ist durch Latschenfelder und über freie Wiesen rasch erklommen.

Der Gipfel ist so breit, dass man problemlos Frisbee spielen könnte, ohne Gefahr zu laufen, dass die Scheibe vom Aufwind verweht wird. Da der Hirschberg keine unmittelbaren Nach-barn hat, genießt man einen weitreichenden Panoramablick: Im Vordergrund dominiert das

unverwechselbare Gipfelduo Ross- und Buchstein, zwischen Rofan- und Karwendelgebirge taucht der Zillertaler Hauptkamm mit Großer Möseler und Hochfeiler auf. Weiter westlich grenzt das Wettersteingebirge mit der Zugspitze an.

Abstieg über das Hirschberghaus

Auch das Hirschberghaus ist vor der Kulisse des Tegernsees nicht zu übersehen. Hier herrscht meist noch mehr Rummel als auf dem Gipfel. Eine willkommene Erfrischungsstation, aber wir wollen später ja die Köstlichkeiten der Natur-käserei genießen. Der Abstieg zum Wanderpark-platz ist auf dem Serpentinenweg zur Material-seilbahn (Variante über den Kratzer nur fünf Minuten länger) sowie auf dem Forstweg (Ab-kürzung im oberen Teil möglich), der im Winter als Rodelbahn dient, nach rund eineinhalb Stun-den zurückgelegt.

Wanderfreuden an den Rauheckalmen

Aktivität	Bergwanderung
Gehzeit	4 Std.
Höhenmeter	920
Strecke	13 km

Route Scharlach → Rauheckalm → Hirschberg → Hirschberghaus → Scharlach

Anfahrt

ÖVM Mit der BOB stündlich von München nach Gmund am Tegernsee oder Tegernsee, dort in den RVO-Bus nach Scharling umsteigen

Auto A8 Ausfahrt Holzkirchen, B 318 nach Rottach-Egern, am südlichen Ortsausgang (B 307 Richtung Kreuth) links in die Tegernseer Straße abbiegen, Parkplatz auf der Wiese vor Scharling (Beginn Hirschbergweg)

Navigation N 47.666377°, E 11.747389°

Charakter Nach der ersten Steilstufe an der Skipiste zeigen sich Wege und Gelände am Hirschberg von der moderaten Seite. Am Gipfel bietet sich eine überragende Aussicht!

Wegweiser Zu- und Abstieg am Hirschberg gut beschildert (Wanderwege H2 und H)

Karte Kompass-Wk 8 Tegernsee Schliersee, 1:50.000

Gipfelsieg mit Tegernseeblick

Brotzeitstüberl, Laden und Schaukäserei ...

Die Naturkäserei ist etwa zwei Kilometer vom Parkplatz entfernt. Man fährt zurück zum Straßenabzweig bei Rottach-Egern und steuert dann 300 Meter Richtung Kreuth. Der geräumige Parkplatz ist ein Indikator für die Popularität des Betriebs. Auf dem Weg zu Brotzeitstüberl und Laden passiert man den hauseigenen Kräuter- und Schaugarten. Bei schönem Wetter laden sowohl an der Süd- als auch an der Westseite etliche Tische mit Hirschbergblick zur Einkehr ein. Zuvor kann man sich in den Ausstellungsräumen ein umfangreiches Bild über den Qualitätsanspruch der Heumilch sowie die Produktion, Lagerung und Vermarktung

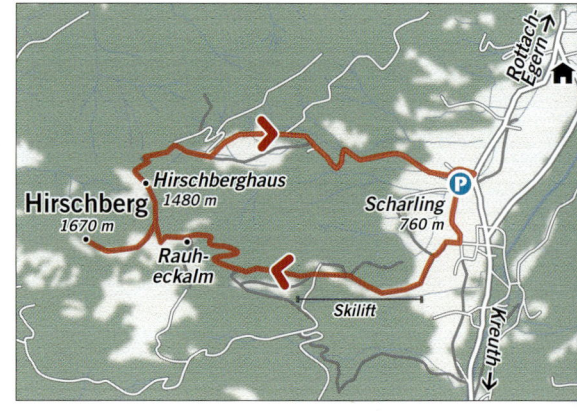

der Milchprodukte machen. Die Käserei bietet täglich ab zehn Personen Führungen mit oder ohne Verkostung an (öffentlich: Mo. 13, Do. 10 und Sa. 11 Uhr). Insgesamt werden neun verschiedene Hart-, Schnitt- und Weichkäse produziert. Der „Tegernseer Bergkas mittelalt", ein würziger Hartkäse mit sechs Monaten Reifezeit, hat beim Süddeutschen Käsemarkt in Schwäbisch Hall 2012 den „Publikumspreis in Gold" erhalten.

Nach dem informativen und Appetit anregenden Rundgang ist es kein Wunder, dass sich die beiden jungen Vegetarierinnen Pia und Anita nach der Wanderung für eine deftige Käse-Brotzeitplatte entscheiden. Während man Brotzeiten und Süßspeisen ganztägig bestellen kann, sind herzhafte Gerichte wie Käsespätzle aus der Pfanne mit Röstzwiebeln oder Kasspeck-Pflanzerl auf Blattsalat mit Joghurt-Kräuterdressing auf die Mittagszeit beschränkt. Bis elf Uhr gelten diverse Frühstücksangebote.

Brotzeitstüberl Naturkäserei 🏠

Inhaber Genossenschaft Naturkäserei TegernseerLand e.G
Küchenchefin Gabriele Erlacher

Adresse Reißenbichlweg 1, 83708 Kreuth

Telefon 0 80 22-188 35 20

E-Mail info@naturkaeserei.de

Web www.naturkaeserei.de

geöffnet Täglich 9–18 Uhr

Einkauf Salate und Kräuter aus dem eigenen Kräutergarten; 20 bäuerliche Lieferbetriebe siehe Internet

Vegetarische Schmankerltipps Käsespätzle aus der Pfanne mit Röstzwiebeln und Salat (8,80 €), Käsebrett – verschiedene Käsesorten mit Brot und Butter (6,50 €), Dampfnudel mit Vanillesoße (4,80 €)

Schmankerltipp für Flexitarier Herzhafter Gemüse-Speckkuchen mit Salat (6,50 €)

Hausgemachte Dampfnudel mit Vanillesoße

BAYERISCHER GEMÜSEKÜCHEN

Zutaten für den Teig: 200 g Mehl, 100 g Butter, 50 g Wasser, ½ TL Salz

Zutaten für den Belag: 200 g Reibekäsemischung (Bergkäse und Wallenberger), 3 Karotten in Scheiben, 3 Lauchzwiebeln geschnitten, 3 Eier, 200 g Sahne, Salz, Pfeffer, Muskat gerieben

Zubereitung: Zutaten für den Teig kneten und 30 Min. kalt stellen. Teig ausrollen, in eine Springform geben, am Boden flach drücken und am Rand 2 cm hochziehen. Mit einer Gabel einstechen und bei 180°C. 15 Min. vorbacken. Karotten und Lauchzwiebeln auf dem Boden verteilen. Reibekäse, Sahne, Eier, Pfeffer, Salz und Muskat verquirlen und darübergießen. Bei 200°C. etwa 30 Min. backen. Dazu passt frischer Salat.

Aktivität: Radtour | Gastronomie: bodenständig und frisch mit vegetarischen Pointen

Der Natur ganz nah

Radrundtour im Dreieck Bad Tölz, Königsdorf und Penzberg

Von der Kräutercremesuppe über bunte Blattsalate, Reis-Curry-Gerichte und feines Grillgemüse bis zum Flammkuchen findet der Gast auf der Speisekarte des Landgasthofes Einbachmühle eine erfreulich große Auswahl an vegetarischen Gerichten, die teilweise auch vegan zubereitet werden können. Unter dem Motto „Bad Tölz macht sich fit und wir sind dabei" hat die Einkehr zwischen Mitte Juni und Mitte Juli 2013 sogar mindestens vier vegane Gerichte angeboten, darunter vielversprechende Kombinationen wie Auberginen-Kartoffeltürmchen mit Tofu-Bolognese und Mandelmousse. Wer die Radtour tags darauf beispielsweise auf dem Königssee-Radweg fortsetzen möchte, kann sich nach der gesunden Kost gleich in einem der individuell eingerichteten Zimmer einquartieren.

Aktivität	Radtour
Fahrzeit	3 Std.
Höhenmeter	200
Strecke	39 km

Route Bad Tölz → Königsdorf → Breitfilz → Reindl-schmiede → Oberbuchen → Bad Tölz

Anfahrt

ÖVM Mit der Bayerische Oberlandbahn (BOB) stündlich nach Bad Tölz

Auto Von München wahlweise über Wolfratshausen (A95, B11) oder Holzkirchen (A8, B13)

Navigation N 47.76095°, E 11.572026°

Charakter Kurzweilige Rundtour durch zum Teil bewaldetes Hügelland westlich von Bad Tölz sowie durch das Naturschutzgebiet Breitfilz. Außerhalb des Stadtgebiets verläuft die Route auf kleinen Neben-straßen oder Kieswegen mit kleineren Steigungen.

Wegweiser Von Bad Tölz Isarbrücke bis Königsdorf Isar-Radweg, ab Ramsau ist der Zielort Bad Tölz beschildert.

Karte ADFC-RK München / Alpenvorland, 1:75.000

Glückliches Radlertrio an einem sonnigen Herbsttag bei Rothenrain

Radrundtour im Tölzer Land

Vom Tölzer Bahnhof steuern wir auf der Bahnhof-, Salz- und Marktstraße (Fußgänger-zone) zur Isar hinab. Nach Überqueren der Brücke münden wir rechts am Isarufer in den Isar-Radweg, der uns über den Weiler Rothenrain und die Rothmühle nach Königsdorf führt. Beim Hotel Hofherr überqueren wir die Bundesstraße und fahren geradeaus auf der Beuerberger Straße durch die kleine Brücke an der Rokokokirche St. Laurentius – die zwei der ältesten Glocken des Oberlandes von 1402 und 1652 beherbergt! – hindurch nach Zellwies und Mooseurach. Hin-ter dem stattlichen Gutshof geht es links in den

Verkehrsarme Teerstraße zwischen Naturschutz-gebiet Breitfilz und Reindlschmiede

Im Frühsommer blühen bei Mooseurach die unter Naturschutz stehenden Sibirischen und Sumpf-Schwertlilien.

Breitfilz, ein ausgedehntes Hochmoorgebiet. Die Feuchtwiesen werden weder gedüngt noch häufiger als einmal pro Jahr gemäht; das Heu wandert in die umliegenden Kuhställe. Ein ideales Biotop für seltene Orchideenarten wie Frauenschuh oder Knabenkraut sowie für artgefährdete Amphibien wie Laub- oder Springfrosch.

Bei Nantesbuch geht es links auf der Teerstraße am Karpfsee vorbei nach Letten und weiter rechts zum Landgasthof Reindlschmiede. Jenseits des Reindlbachs zweigt links der Kiesweg nach Ramsau ab, von wo der Rückweg über Oberbuchen und Linden nach Bad Tölz beschildert ist. Nach der Abfahrt folgt man jedoch nicht den Radwegweisern in die Isarstadt, sondern steuert geradewegs nach Oberfischbach zum Landgasthof Einbachmühle.

Im Einklang mit der Natur

Nach der schönen Runde im Tölzer Land kommt der Landgasthof Einbachmühle mit seiner gesunden Kost gerade recht. Das Gebäude, dass einst als Wohnhaus mit Hof, Schule, Rathaus und in unterschiedlicher Form auch als Restaurant genutzt wurde, hat eine mehr als 500-jährige Geschichte hinter sich. So phantasievoll die Hotel- und Restauranträume eingerichtet sind, so individuell und kreativ werden in der Küche die Speisen zubereitet. Im Jahr 2010 hat Betriebswirt Gregor Waag den Landgasthof übernommen, mit dem Ziel, frische und nach Möglichkeit einheimische Produkte zu verwenden.

Zum innovativen Trend gehört auch die große Auswahl an vegetarischen Gerichten auf der Speisekarte. Somit kann man beispielsweise nach der feinen Karottensuppe mit Kokosmilch die Kartoffelgnocchi mit Tomaten und Steinpilzen und als Dessert Zwetschgenknödel mit Marzipan und süßen Butterbrösl bestellen. Ungewöhnlich für die oberbayerische Gastronomie sind auch die Flammkuchen, die im Gegensatz zu der im Monatsturnus wechselnden Speisekarte ganzjährig in verschiedenen Variationen angeboten werden. Sehr gut kommen auch die bei schönem Sommerwetter durchgeführten Grilleinheiten von Fleisch, Fisch und Gemüse im Garten an. Dass der Wirt seine Lieferanten auf der Website auflistet, macht den „neuen Zeitgeist hinter einer bodenständigen und nicht mehr so jungen Fassade" umso glaubwürdiger.

Landgasthof Einbachmühle 🏠

Inhaber Gregor Waag
Küchenchef Roland Stich

Adresse Einbachstr. 119, 83646 Oberfischbach – Gemeinde Wackersberg bei Bad Tölz

Telefon 0 80 41 - 80 46 64

E-Mail info@einbachmuehle.de

Web www.einbachmuehle.de

geöffnet Mo.–Fr. 16–22.30 Uhr, Sa. / So. 11–22.30 Uhr; Di Ruhetag

Einkauf Off Mühle, Sindelsdorf (Mehlprodukte, Getreide); Bertenbauer, Bichl (Eier); Bertenbauer Hofladen, Dietramszell (Gemüse); Metzgerei Thomas Demmel, Sachsenkam (Fleisch, Wurst); Ziegenhof Lenggries; Beindlhof Bauernhofeis

Übernachtung 10 individuelle Zimmer, die nach verschiedenen Blumen benannt sind („Bett & Bike")

Vegetarische Schmankerltipps Sommerliche Kräutercremesuppe mit Käseklöschen (4,60 €), Flammkuchen mit Ziegenkäse, Erdbeeren und grünem Pfeffer (8 €), Auberginen-Kartoffeltürmchen mit Tofu-Bolognese und Mandelmousse (scharf; 10,20 €), gemischter Salat mit gegrilltem Gemüse (9,80 €), Orangen-Maracuja-Mousse auf Mangospalten (5,20 €)

Schmankerltipp für Flexitarier Rotweinhühnchen mit Tomaten und Pilzen, dazu Käsecroutons (13,60 €)

Alternativ zur Gartenterrasse sitzt man auch in den individuell eingerichteten Gasträumen sehr schön.

Aktivität: Radtour oder Wanderung | Gastronomie: bayerische Klassiker, vegetarische Gerichte und Vollwertkost

Tradition und Moderne

Radtour im Isartal zwischen Bad Tölz und Lenggries

Wie es sich für ein richtiges Wirtshaus gehört, steht der Gasthof Zantl direkt neben der Dorfkirche, und zwar vis-à-vis der gelben Mühlfeldkirche. Fernwanderer von München nach Venedig kommen hier ebenso vorbei wie Radfahrer, die auf dem Königssee-Bodensee-Radweg unterwegs sind oder wie wir vom Tölzer Bahnhof in Richtung Altstadt pedalen. Umso mehr überrascht es, dass sich das Küchenkonzept von der klassischen bayerischen Wirtshauskultur abhebt: Statt ausschließlich auf Fleischgerichte zu setzen, konzentriert sich die Junior-Chefin Elisabeth Wittmann auf vegetarische Kost.

Von Bad Tölz nach Lenggries

Um an die Isar zu gelangen, radeln wir vom Gasthof Zantl auf der Salzstraße zur Marktstraße, eine belebte Fußgängerzone. Jenseits der Isarbrücke geht es dann südwärts auf dem Isar-Radweg der Sonne entgegen. Nach kurzer Wegstrecke weist ein Pfad zu Kalles Stein-Pyramiden, 85 an der Zahl, die er seit 1997 mit viel Liebe hegt und pflegt, was ihm einen Eintrag in das goldene Buch der Stadt beschert hat. Bis Arzbach verläuft der Isar-Radweg stets in Flussnähe, die Lenggrieser Hausberge Brauneck und Benediktenwand rücken immer näher. Nach dem Ufer-Seitenwechsel auf der Isarbrücke geht es abermals einige Kilometer durch noch lichten Wald und über ausgedehnte Heidekrautflächen gen Süden. In Lenggries geht es hoch zur Brücke und wenige Meter in den Ort.

Rückweg über die Attenloher Filzen

Die Brücke führt unmittelbar auf das Café Brugger zu, rechts davon beginnt in der Karl-Pfund-Straße die kurze Passage durch den Ortskern. Ab dem Leitenweg erleichtern gelbe Radwegweiser die Orientierung. Spaß macht die Fahrt am Steinbach entlang, doch noch vor Erreichen des engen Tals biegt die Radroute links ab. Bis Mühl rollt es zunehmend auf Teer wie von selbst dahin, stets leicht bergab. Dann treffen wir auf den Bodensee-Königssee-Radweg, der uns durch das Naturschutzgebiet Attenloher Filzen leitet. Am Ende der Filzen geht es links nach Greiling. Im Ort zweigt die Sachsenkamer Straße zur B 12 ab, der wir ein kurzes Stück nach links folgen, bevor die mit beschilderte Schlussetappe (Ww. Bad Tölz) zwischen Bahntrasse und Ellbach-Moor über den Bahnhof zwecks Einkehr in die Tölzer Salzstraße erfolgt.

Im Frühjahr unterwegs auf dem Isar-Radweg Richtung Lenggries

Aktivität	Radtour
Fahrzeit	2 ½ Std.
Höhenmeter	190
Strecke	32 km

Route Bad Tölz → Arzbach → Lenggries → Greiling → Bad Tölz

Anfahrt

ÖVM Mit der Bayerischen Oberlandbahn (BOB) stündlich nach Bad Tölz

Auto Von München wahlweise über Wolfratshausen (A 95, B 11) oder Holzkirchen (A 8, B 13), in der Stadt ausgewiesene Parkplätze

Navigation N 47.760734°, E 11.572981°

Charakter Bis auf wenige kurze Anstiege verläuft die Strecke meist eben. Teer- und Kieswege

Wegweiser Isar-Radweg nach Lenggries, auf dem Rückweg Schilder Bad Tölz / Gaißach

Karte Kompass-Wk 182 Isarwinkel, 1:50.000

Vom Kalvarienberg genießt man einen weitreichenden Blick in Richtung Tölzer Berge und Karwendel – vor allem bei Föhn!

Inspiration durch die vielseitige Natur

Von der Straße kommend spaziert man durch den Rosengarten, in dem dank der liebevollen Pflege der Senior-Chefin Maria Morlock-Zantl im Juni über 100 verschiedene Rosenarten blühen. Ein überzeugender Beleg folgenden Satzes, den wir auf der Zantl-Website finden: „Seit 1828 betreibt die Familie Zantl über alle Generationen hinweg dieses Wirtshaus mit viel Liebe, Sorgfalt und Freude am Detail". Die Terrasse mit schönem Blick auf die benachbarte Mühlfeldkirche und den zuvor erklommenen Kalvarienberg liegt auf der Westseite mit Blick in den Sonnenuntergang. Bei kühlerem Wetter begibt man sich in die historische Innenräume mit stilvollen Möbeln, die von einem heimischen Schreiner im Originalstil der Biedermeierzeit wiederhergestellt wurden. Unter dem Motto „Speis und Spiel" finden hier, begleitet von einem delikaten Drei-Gänge-Menü, regelmäßig Marionettentheater-Vorführungen statt. Das am Schlossplatz beherbergte Theater ist ja nur einen Steinwurf vom Gasthof Zantl entfernt.

Wandertipp zu Isar-Stausee und Kalvarienberg

Empfehlenswert ist der Wanderweg K 8 (Ww. „Isar-Stausee-Runde", Gehzeit ca. 2 ½ Std.) nördlich der Tölzer Isarbrücke. Es geht am westlichen Isarufer entlang nordwärts, im ersten Abschnitt durch die parkähnlichen Flussauen, nach Passieren des Isarstegs dann kurz entlang der Straße. Jenseits des Wehrs biegen wir rechts in die Teerstraße und nach 200 Metern abermals rechts in den bekiesten Walgerfranzweg. Wir ignorieren den Abzweig zu Moraltalm und Isarsteg und folgen dem beschilderten Anstieg zum Kalvarienberg, der durch eine kleine Waldstufe direkt zur „Krone von Tölz", der barocken Doppelkirche mit den beiden schlanken Türmen, führt. Großartig ist von hier der Blick über Bad Tölz und das breite Isartal mit seinen bewaldeten Hügeln in Richtung Karwendelgebirge, Brauneck und Benediktenwand. Von der Aussichtsplattform erfolgt der Abstieg in das Tölzer Zentrum.

Mutter und Tochter teilen sich die Arbeit in der Küche nach klaren Richtlinien auf. Maria Morlock-Zantl bereitet die schmackhaften Fleisch- und Fischgerichte zu, teils durchaus mit modernem Anspruch, beispielsweise auf mediterrane Art wie Dreierlei vom Lamm mit Kräuterkartoffeln und Ratatouille. Ihre Tochter Elisabeth Wittmann hingegen lässt sich von der

Gasthof Zantl

Inhaberinnen und Küchenchefinnen
Maria Morlock-Zantl, Elisabeth Wittmann

Adresse Salzstr. 31, 83646 Bad Tölz

Telefon 0 80 41 - 97 94

E-Mail gutesessen@gasthof-zantl.de

Web www.gasthof-zantl.de

geöffnet Sa.–Mi. 11–14.30 Uhr, Fr. ab 17 Uhr

Einkauf Kräuter und Beeren teils aus dem eigenen Garten; Bertenbauer, Dietramszell (Eier); Jäger von Vorderriß (Wild); Metzger Grundner, Lenggries (Fleisch)

Übernachtung 4 individuelle Gästezimmer mit bemalten Bauernmöbeln

Vegetarische Schmankerl Grünkernpflanzerl mit Tomaten und Käse überbacken und Kartoffel-Meerrettich-Pflanzerl mit Blattsalat (11 €), grüne Bandnudeln mit Gemüse (8,80 €), dreierlei Schlutzkrapfen in Nussbutter geschwenkt mit Parmesan (9,80 €), vegetarisches Buffet mit Salaten, Aufläufen, Nudelgerichten, Vollwert-Gerichten und Desserts (Fr.–So. ab 18 Uhr, 17,50 €; kleiner Teller 7,60 €)

*Traditionsreiche Fassade
des Gasthofs Zantl*

*Grünkernpflanzerl mit
schmackhaften Beilagen*

Philosophie der bekannten Fernsehköchin Sarah Wiener inspirieren, die auf einem Landsitz in der Provence in ihrer Doku-Reihe „Sarah und die Küchenkinder" zwölf Kindern aus verschiedenen Ländern die Reize der naturnahen Küche vermittelt. Auch das Bewusstsein, dass zahlreiche Tiere vor dem Schlachten unter erheblichen Stress leiden, hat sie in ihrem Wirken ebenso beeinflusst wie die die Lebensmittelindustrie genmanipulierten Nahrungsmittel. Am liebsten würde sie – auch als Vorbildfunktion für ihre drei Kinder – nur im Bioladen einkaufen, doch das lässt der Alltag noch nicht ganz zu. Immerhin erfreut sich der Besucher auch so an begrüßenswerten Aktionen wie der Einführung des vegetarischen Abendbuffets von Freitag bis Sonntag.

Aktivität: Wanderung | Gastronomie: bayerisch, zum Teil ökologisch

Gemüse aus dem Klostergarten

Wanderung im Loisach-Kochelsee-Moor

„Gepflegte bayerische Gastlichkeit in historischer Umgebung" – besser könnte man die Stimmung im Kloster Bräustüberl nicht beschreiben. Wer im Gastgarten unter den inzwischen gar nicht mehr so jungen Kastanienbäumen tafelt, blickt direkt auf die Fassade der zwischen 1669 und 1732 erbauten barocken Kloster- anlage. Sehr schön sitzt man auch im großen Gewölbesaal, der früher als Kuhstall diente und 1990 von Georg Weigl quasi als Ruine übernommen wurde. Was für ein Tausch im Vergleich zur Penzberger Disco Rumpelkammer, die der viel Ruhe ausstrahlende Wirt zuvor über viele Jahre hinweg geleitet hatte! Seit 2011 führen seine Kinder Juliane und Guido das Bräustüberl in seinem Sinne weiter.

Rundwanderung durch das Moos

Die Klosteranlage liegt direkt am Loisach-Kochelsee-Moor, das der Wanderer bei einem ausgedehntem Spaziergang für sich entdecken und erschließen kann. Mancherorts informieren Schautafeln über geschützte Pflanzen und Tiere, man erfährt zum Beispiel, wie der seltene Zwergtaucher in den Schilfgräsern überlebt. Das im Maierhof des Klosters beheimatete Zentrum für Umwelt und Kultur (www.zuk-bb.de) organisiert Veranstaltungen und Kurse sowie naturkundliche Ausflüge in das Moos. Im Winterhalbjahr etwa kann man an bestimmten Samstagen einen erfahrenen Ornithologen zum Beobachtungspunkt Moosmühle begleiten und gemeinsam die Vögel am Futterplatz begutachten.

Ausgangspunkt für unsere Wanderung ist der große Parkplatz an der Nordseite des Klosters. Wir wandern zur Bahnlinie zurück und am Kloster Bräustüberl vorbei gut einen Kilometer auf dem Spatzenpointweg nach Süden. An der Bahnunterführung biegen wir rechts ab, halten uns an der Weggabelung rechts und steuern an der zweiten Weggabelung links zur Lainbachbrücke. Am Lainbach gelangen wir westwärts zur Loisach

Impressionen an einem traumhaften Herbsttag in Loisach-Kochelsee-Moor

Aktivität	Wanderung
Gehzeit	3 Std.
Strecke	11 km

Route Kloster Benediktbeuern → Lainbach → Loisach → Moosmühle → Kloster Benediktbeuern

Anfahrt

ÖVM Regionalzug nach Benediktbeuern

Auto A95 Ausfahrt Sindelsdorf, B472 Richtung Benediktbeuern, vor der Bahnlinie Klosterstraße rechts zum beschilderten Kloster, großer Wanderparkplatz in der Don-Bosco-Straße

Navigation N 47.708664°, E 11.397564°

Charakter Ebener Rundwanderweg durch die reizvolle Moorlandschaft mit freiem Blick auf die Kocheler Berge. Eine längere Passage verläuft direkt am Loisachufer. Wenig Schatten, daher Sonnenschutz nicht vergessen

Wegweiser Moos-Rundwanderweg Nr. 1

Karte Kompass-Wk 7 Murnau Kochel, 1:50.000

Schön sitzt man im Biergarten des Kloster Bräustüberls

und spazieren an deren Ufer drei Kilometer flussabwärts. Dann zweigt der beschilderte Weg zur
Moosmühle ab, wobei wir direkt am Vogel-
Futterplatz und kurz vor Erreichen des Klosters
an einem schön angelegten Naturlehrpfad vor-
beikommen.

Wirtschaft mit Umweltsiegel

Nach Rückkehr am Kloster lädt der 2007 ge-
gründete und 2013 mit komfortablen Sitzbän-
ken aufgewertete Gastgarten zur wohlverdienten
Rast ein. In Sichtweite können sich die Kinder
auf dem Spielplatz an der Friedhofsmauer aus-
toben. Ein Teil des Speisenangebots im Kloster
Bräustüberl ist von ökologischer Qualität. Das
Ochsenfleisch etwa stammt vom oberbayerischen Fleckvieh, das nach dem Konzept „offene
Stalltür", also ohne Zuführung von künstlichen
Futter- und Mastprodukten, aufwächst. Gemüse
und Salate wandern im Sommer direkt von der
Klostergärtnerei in die Küche der Wirtschaft. Die
feilgebotenen Fische werden wiederum aus den
umliegenden Seen geholt.

Die Einkehr ist vor allem bei schönem Aus-
flugswetter gut besucht. Besonders stark ist der

Kloster Bräustüberl

Inhaber Juliane und Guido Weigl
Küchenchef Steve Müller

Adresse Zeiler Weg 2, 83671 Benediktbeuern

Telefon 0 88 57 - 94 07

E-Mail info@klosterwirt.de

Web www.klosterwirt.de

geöffnet Durchgehend warme Küche täglich
11–22 Uhr (Nov. bis Mitte März 11.30–21.30 Uhr)

Einkauf Gemüse aus klostereigener Gärtnerei; Fisch aus
den umliegenden Seen; Metzgerei Kramer, Bichl (Wurstwaren); Franz Baader, Benediktbeuern (Ochsenfleisch)

Vegetarische Schmankerltipps Große gemischte
Salatschüssel aus der Klostergärtnerei (7,50 €), Pfann-
kuchen mit Topfen gefüllt und Schlagrahm (2,80 €)

Schmankerltipp für Flexitarier Gesottenes Ochsenfleisch in Meerrettichsoße mit Dampfkartoffeln und
Brokkoli (9,30 €)

Zulauf im Rahmen sommerlicher Open-Air-
Konzerte, wenn Haindling, LaBrassBanda oder
Max Raabe im Maierhof beste Konzert-Stimmung
erzeugen. Nicht minder populär ist das tradi-
tionelle Ochsengrillen am letzten Sonntag im
August. Im September findet der traditionelle
Textilmarkt statt.

Aktivität: Radtour | Gastronomie: Wildspezialitäten aus eigener Metzgerei

Vögel, Fische, Kinderglück

Radtour im Loisach-Kochelsee-Moor

Das Moor zwischen Kochelsee und Loisach steht im Frühjahr und Herbst unter strengem Naturschutz, da zu dieser Zeit mehrere Vögel inmitten der Wiesen ihre Eier ablegen und brüten. Mehr als 200 Vogelarten kommen zum Teil sogar aus Afrika als Gast- und Brutvögel in das ausgedehnte Feuchtgebiet. Um die Arten nicht zu gefährden, bewirtschaften die Bauern dann ihre Felder nicht. Dennoch können Radfahrer und Wanderer das Moor auf den ausgewiesenen Wegen, inklusive Badeoption im Kochel- und Eichsee, erkunden. Der perfekte Familienausflug, zumal auch unsere Einkehr, Fröhlichs Wirtshaus, kinderfreundlich ist.

Ein herrlicher Föhntag mit Surfern am Kochelsee

Unterwegs im Vogelparadies

Idealer Ausgangsort ist Benediktbeuern mit dem bekannten Kloster, das mit seinem stattlichen Gebäudekomplex an ein Schloss erinnert.

Das im angrenzenden Maierhof untergebrachte Zentrum für Umwelt setzt sich mit Nachdruck für den Naturschutz und die Landschaftspflege im Kochelseemoor ein. An der Ostseite des Klosters folgen wir dem Spatzenpointweg Richtung Süden

(Ww. Kochel). Rund um Brunnenbach lässt sich mit etwas Geduld der eine oder andere Vogel erspähen. Vielleicht die Kronschnepfe? Der dicht gestreifte, perfekt an seine Umwelt angepasste Vogel ist dank seines melodischen Balzrufes, der den Klang einer Flöte hat, zumindest kaum zu überhören.

Der Radweg streift den nördlichen Ortsrand von Kochel am See und führt dann entlang der Straße direkt nach Schlehdorf. Zuvor lohnt jedoch noch ein Abstecher durch das Zentrum zum Kochelseeufer. Baden ist hier im Sommer immer ein Thema, obwohl der See selten an die 20 Grad Wassertemperatur herankommt. Wem das Seewasser zu kalt ist, der ist im benachbarten Alpenwarmbad besser aufgehoben. Hier haben die Kinder auf der Riesenrutsche ihren Spaß.

Die Strecke nach Schlehdorf legen wir auf dem Radweg entlang der Staatsstraße zurück. Im Ort biegen wir rechts in die Unterauer Straße, fahren nach Unterau und dort zwischen Loisach und Mühlbach auf schönem Radweg nach Großweil. Von der Brücke fehlt nur noch ein kurzer

Anstieg auf der Sindelsdorfer Straße zur Kocheler Straße.

Steinpilze vom Penzberger Doktor

Die knallrote Hausfassade von Fröhlichs Wirtshaus ist im Ortskern von Großweil nicht zu übersehen. Die durchgehend warme Küche erlaubt uns eine spontane Tagesplanung, bei der wir nicht ständig auf die Uhr schauen müssen. Es stehen mindestens zwei vegetarische Gerichte wie hausgemachte Maultaschen in Kürbissoße oder Bärlauch-Serviettenknödel in Bärlauchrahm auf der Speisekarte. Sehr zu empfehlen ist auch das Öko-Fleisch vom Schwäbisch-Hällischen Landschwein: Der „Kaiserteller" etwa wird als ofenfrischer Spanferkelbraten auf König-Ludwig-Dunkelbiersoße serviert. Das Fleisch vom Hirschedelgulasch ist ausgesprochen zart, der Jäger von Fall muss ein vortrefflicher Schütze sein!

Einheimische Lieferanten sind für das Wirtshaus, das über eine eigene Wildmetzgerei verfügt, eine Selbstverständlichkeit. Dazu zählt auch ein Penzberger Arzt, der in seinen freien Stunden gerne durch die umliegenden Wälder streift und Schwammerl erntet. 2012 hat er dem Wirt

Aktivität	Radtour
Fahrzeit	2 ½ Std.
Strecke	25 km

Route Benediktbeuern → Kochel am See → Schlehdorf → Großweil → Triftkanal → Benediktbeuern

Anfahrt

ÖVM Regionalzug nach Benediktbeuern

Auto A95 Ausfahrt Sindelsdorf, B472 Richtung Benediktbeuern, vor der Bahnlinie Klosterstraße rechts zum beschilderten Kloster, großer Wanderparkplatz in der Don-Bosco-Straße

Navigation N 47.708664°, E 11.397564°

Charakter Die Rundtour durch das Kochelseemoor eignet sich aufgrund des flachen Streckenprofils hervorragend für Familien mit Kindern. Vom sumpfigen Wiesenplateau genießt man den Blick auf Jochberg und Herzogstand. Unterwegs gibt es Bademöglichkeiten im Kochelsee und im Eichsee. Nach starkem Regen nicht zu empfehlen

Wegweiser Zwischen Benediktbeuern und Großweil Bodensee-Königssee-Radweg

Karte Kompass-Wk 7 Murnau Kochel, 1:50.000

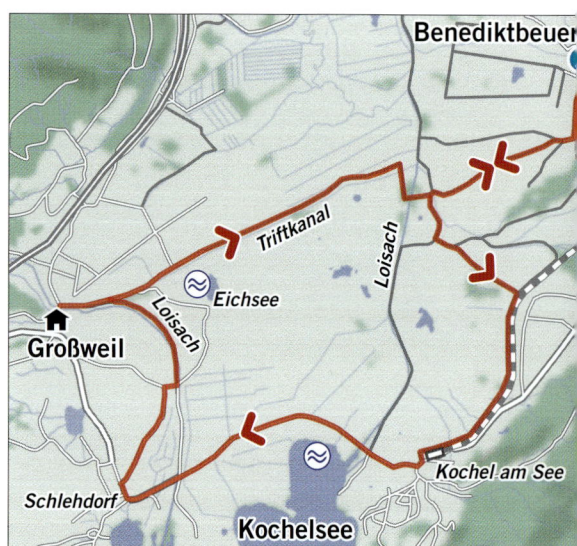

Herrliche Terrassen-Aussicht auf Jochberg und Herzogstand

Fröhlichs Wirtshaus 🏠

Inhaber Familie Fröhlich
Küchenchef Benjamin Fröhlich

Adresse Kocheler Str. 4, 82439 Großweil

Telefon 08851-5825

E-Mail info@froehlichs-wirtshaus.de

Web www.froehlichs-wirtshaus.de

geöffnet Täglich außer Di. durchgehend warme Küche, im Winter Di./Mi. Ruhetag

Einkauf Gemüse, Fleisch und Schnäpse teils vom Bauernhof der Schwiegereltern, Wild und Rind von der hauseigenen Metzgerei

Vegetarische Schmankerltipps „Bergbäuerinnen feinste" – hausgemachte Bärlauch-Serviettenknödel in Bärlauchrahm mit Tomaten und feinem bayrischen Blauschimmelkäse überbacken, dazu bunter Salat in Himbeerdressing (8,90 €), „Schwammerlbua" – frische Pfifferlinge aus Großweiler Wäldern im Kräuterrahm mit Rigatoni (10,40 €), „Fröhlichs Waffeltraum" – hausgebackene lauwarme Waffel mit Rhabarber-Erdbeer-Ragout und feinem Vanilleis (5,60 €)

Schmankerltipp für Flexitarier „Loisach-Fischer" – auf der Haut gebratenes Zanderfilet mit Mandelbutter und Petersilienkartoffeln, dazu ein bunter Salat in Himbeerdressing (13,90 €)

Benjamin Fröhlich 50 Kilogramm Steinpilze angeliefert! Und das Gemüse stammt teilweise vom Bauernhof der Schwiegereltern. Etwas Appetit sollte für eine hausgebackene Waffel mit Zwetschgenragout und Vanilleeis oder eine feine, von der Wirtin höchstselbst gefertigten Torte übrig bleiben. Wer Karten für die beliebte Neuwirtbühne ergattern will, muss Monate im Voraus reservieren (www.neuwirtbuehne.de, Tel. 08851-923966).

Rückweg über Eichsee und Triftkanal

Nach der Einkehr rollen wir wieder zur Loisachbrücke hinab und folgen rechts der Moosstraße zum Triftkanal. Der mögliche Abstecher zum nahen Eichsee ist von hier beschildert. Ansonsten geht es auf abwechslungsreicher Route, die Loisach vor Brunnenbach ein weiteres Mal überquerend, durch das Loisach-Kochelsee-Moor zurück nach Benediktbeuern.

Aktivität: Ski-Langlauf oder Bergwanderung | Gastronomie: saisonale Tiroler und österreichische Spezialitäten

Chillen im Langlauf-Eldorado

Ski-Langlauf im hinteren Leutaschtal

Beim Blick auf den Leutasch-Seefeld-Loipenplan schwirrt einem anfangs der Kopf: Man hat die Wahl zwischen 14 einfachen, elf mittelschweren und neun schweren Loipen. Würde man alle blau, rot und schwarz gekennzeichneten Strecken abfahren, käme man auf ein Pensum von stolzen 140 Kilometern! Wir begnügen uns zwischen dem Leutascher Ortsteil Gasse und Buchen mit vier Loipen und 21 Kilometern. Die Krönung ist die mittelschwere Katzenloch-Loipe, die vom Talschluss zum „schönsten Fleck Tirols" führt, wie uns die Ropferstub'm-Website verrät. Wie praktisch, dass der Landgasthof neben dem großartigen Inntal-Hohe-Munde-Blick, Liegestühlen zum Chillen und der längsten Sonne im Winter auch noch eine sehr schmackhafte Küche zu bieten hat!

Nach Nachtfrost höherer Fahrgenuss …

Eine Schönwetterlage im Spätwinter mit strengem Nachtfrost und angenehmen Plusgraden tagsüber bietet dem Sonnenanbeter den maximalen Genuss. Mit Einbruch der Dunkelheit werden sämtliche Loipen frisch präpariert, damit sie am Folgetag in makellosem Zustand sind und zumindest bis weit in den Vormittag hinein eine entsprechend flotte Fahrt garantieren. Somit erhöht sich bei frühem Aufbruch auf der flachen Gasse-, Alpenblick- und Obern-Loipe – die das Tal dominierende Hohe Munde stets im Blick – der Spaßfaktor ganz erheblich. Bei solchen Traumbedingungen kann man sich schon einmal in einen Rausch fahren und das sportliche

Am Scharnitzjoch zeigt sich das Wettersteingebirge in voller Sonnenpracht.

Wenn die Sonne hinter der Hohen Munde untergeht, hat man die Gasse-Loipe selbst bei Traumwetter für sich allein.

Aktivität	Ski-Langlauf
Höhenmeter	175
Strecke	21 km

Route Rundloipen Gasse (4,5 km, 15 Hm), Alpenbad (5 km, 30 Hm), Obern (5 km, 20 Hm) und Katzenloch (6,5 km, 110 Hm)

Anfahrt

ÖVM Mit der Bahn über Mittenwald nach Seefeld, Busverbindung nach Weidach und Buchen im Leutaschtal

Auto A 95 und B 2 über Garmisch-Partenkirchen nach Mittenwald, südlich des Ortskerns L 14 nach Gasse im Leutaschtal oder L 35 Richtung Buchen bis Parkplatz Loipenbeginn Katzenloch

Navigation N 47.377052, E 11.158526° (Gasse), N 47.34698°, E 11.128786° (Katzenloch-Loipe)

Charakter Die Gassen-, Alpenbad- und Obern-Loipe verlaufen im sonnenüberfluteten Talboden des hinteren Leutaschtals und weisen keine nennenswerten Steigungen oder Abfahrten auf. Bei der Katzenloch-Loipe ist das Streckenprofil deutlich anspruchsvoller. Sämtliche Loipen grenzen einander an, man kann sein Tagespensum somit vollkommen frei gestalten. Die Tagesgebühr für sämtliche Loipen beträgt 6 €.

Wegweiser Die Loipen sind bestens gespurt und beschildert (A7, A6, A5, B5).

Karte Loipenplan Leutasch in der Tourist-Info Weidach, auf den Infotafeln am jeweiligen Loipen-Einstieg und im Internet zum Ausdrucken

Bergwanderung auf die Gehrenspitze

Vom Parkplatz Stupfer im Gaistal führt ein anregender Steig durch schönen Lärchenwald über die Wettersteinhütte zur Wangalm und zuletzt steil über Wiesen zum Scharnitzjoch. Weiter geht es stets an der Südseite des Kamms – nordseitig Steilabbruch! – teils über Schrofen zum Gipfel der Gehrenspitze (2367 m). An warmen Tagen ist ein früher Aufbruch ratsam (Gehzeit gesamt 6 ½ Std., 1170 Hm)!

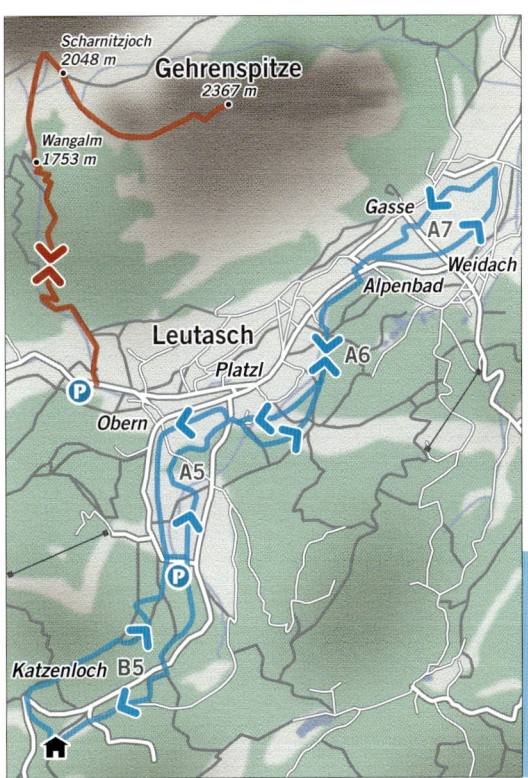

Pensum beispielsweise am Skating-Zentrum von der Katzenloch-Loipe abzweigend um die landschaftlich reizvolle Interalpen- und Lottensee-Loipe erweitern. Ab Mittag firnt die Sonne den harten Schnee dann auf und bremst die rasanten Abfahrten. Die schönste mündet mit Blick in das Inntal nach einer Spitzkehre – die nicht jeder sturzfrei meistert! – direkt in die aussichtsreiche Sonnenterrasse der Ropferstub'm.

Natürlich und unverfälscht

Meist liegt der Schnee hier auch im Spätwinter noch so hoch, dass die Terrasse unterhalb der „Liegestuhl-Galerie" anfangs gar nicht auszumachen ist. Doch dann entdeckt man auch die urige Holzfassade des Landgasthofs – welch Wohltat im Vergleich zur unansehnlichen Architektur der meisten Bettenburgen im Leutaschtal! Sonne und Aussicht auf der Terrasse hin oder her, man sollte unbedingt einen Blick in die Stube

mit ihren originalen Steinmauern und Gewölben aus dem 19. Jahrhundert werfen! Andernorts sind solche Räumlichkeiten, in denen einst die Schmuggler diffuse Geschäfte betrieben, nur noch im Bauernhofmuseum zu bewundern. Die fünf modernen Apartments, die man ab drei Nächten mieten kann, sind mit heimischem Lärchenholz ausgestattet. Ein denkwürdiger Ort, an dem auch die etwa 400 Jahre alte Esche ihren Platz behalten hat …

Auch die mit dem AMA-Gastrosiegel ausgezeichnete Küche orientiert sich an den Grundwerten Natürlichkeit und Unverfälschtheit. Wenn wir im Winter einen gemischten Salat bestellen, gibt es keine importierten Holland-Tomaten, sondern eine saisonal verfügbare Kombination beispielsweise aus Kohl, Sellerie und Karotten. Eier und Gemüse stammen ebenfalls von der heimischen Landwirtschaft. Zu Remy Pischls Lieblings-Lieferanten gehört der Fischer vom Leutascher Weidachsee: Ein Anruf

Finale Abfahrt auf der Katzloch-Loipe zur Ropfenstub'm mit Blick auf das Inntal und Mieminger Plateau

Liegestuhl-Logenplätze an der Ropfenstub'm

genügt, und die georderten Forellen oder Zander werden frisch angeliefert. Zusammen mit seinen Eltern, seinem Bruder und seiner Tante leitet er den eigenen Betrieb seit 2007. Ab 16 Uhr gibt es zusätzlich eine Abendkarte mit exquisiten Gerichten wie Buchener Lammbraten auf Heubett – durch die schonende Dämpfung gibt das Heu sein Aroma an das Fleisch ab –, als Beilagen werden Speckbohnen, Röstkartoffeln und Thymianjus gereicht.

Es geht (fast) nur bergab ...

Nach der Einkehr ist auf der Katzenloch-Loipe nur noch eine nennenswerte Steigung zu bewältigen, bevor die nordseitige Abfahrt in das Leutaschtal erfolgt. Da es in der Folge bis Gasse stets leicht abwärts geht und die Spuren bei besagter Wetterlage ab späten Nachmittag wieder leicht anfrieren, fliegt man quasi durch die schöne Landschaft. Wohl dem, der sich im Tal einquartiert hat und noch einen weiteren Tag im Ski-Langlauf-Eldorado hinzufügen kann ...

Landgasthof Ropferstub'm 🏠

Inhaber Familie Pischl
Küchenchef György Kovacs

Adresse Buchen 6–8, A-6410 Telfs

Telefon +43-5262-65949

E-Mail office@ropferstubm.com

Web www.ropferstubm.com

geöffnet Täglich außer Mo. 10.30–21 Uhr

Einkauf Eier aus heimischer Bodenhaltung; Tirol Milch, Innsbruck (Milchprodukte); Landwirtschaft Wackerle, Wildermieming (Kartoffeln); Leutascher Fischerei, Weidachsee (Süßwasserfisch)

Übernachtung 5 Lärchenholz-Apartments (ab 3 Nächten)

Vegetarische Schmankerltipps Kartoffelsuppe mit Trüffelschaum (5,90 €), Gnocchi mit Gorgonzolasauce (9,80 €), Zillertaler Kaskrapfen auf Sauerkraut (9,50 €), Schweizer Käsefondue aus dem Caquelon mit Kirschwasser und unserem Bauernbrot (ab 16 Uhr, 12,90 €)

Schmankerltipp für Flexitarier Gegrilltes Forellenfilet mit Petersilienkartoffel und grünem Salat (17,90 €)

Aktivität: Wanderung | Gastronomie: regionale Euro-Toques-Küche

See-Idylle mit Alpenblick

Wanderung von Murnau nach Uffing

Das Seerestaurant Alpenblick macht seinem Namen alle Ehre: Sowohl vom Terrassenlokal als auch vom Biergarten öffnet sich dem Gast ein eindrucksvolles Bergpanorama. Beim Gipfelquiz schneidet Michael Bott gar nicht schlecht ab: Im Osten erkennt er Herzogstand und Heimgarten, weiter südlich die Hohe Kiste, jenseits des Loisachtals das Ettaler Mandl und im Westen das Hörnle. Und im Vordergrund spiegelt sich das Tageslicht im malerischen Staffelsee. Seit über 25 Jahren arbeitet der ambitionierte Euro-Toques-Chefkoch vis-à-vis dieser prächtigen Kulisse und schöpft aus ihr die Kraft für die Umsetzung neuer Ideen in der Küche.

Aktivität	Wanderung
Gehzeit	4 Std.
Strecke	17 km

Route Murnau → Staffelsee → Uffing

Anfahrt

ÖVM Mit der Bahn nach Murnau, Rückfahrt vom Bahnhof Uffing

Auto A95 Richtung Garmisch, Ausfahrt Sindelsdorf B472 und St2038 nach Murnau, Parkmöglichkeit am Bahnhof

Navigation N 47.677908°, E 11.199017°

Charakter Bei der abwechslungsreichen Strecken- tour wird der Staffelsee fast komplett umrundet. Von kurzen Asphaltpassagen abgesehen wandert man meist in Ufernähe auf sehr schönen Wegen durch die malerische Natur. Unterwegs gibt es mehrere Bademöglichkeiten.

Wegweiser Staffelsee-Rundweg

Karte Kompass-WK 7 Murnau Kochel Staffelsee, 1:50.000

Radtour um den Staffelsee

Mit dem Fahrrad bietet sich die komplette Umrundung des Staffelsees an. Anstatt in Uffing den Bahnhof anzu- steuern, folgt man vom Alpenblick dem beschilderten Staffelsee-Rundweg über Rieden und Seehausen nach Murnau (Strecke: 22 km).

Wanderer am südlichen Staffelseeufer

Seeumrundung als Naturerlebnis

Ein Teil unserer Wanderung rund um den Staffelsee ist vom Seerestaurant Alpenblick aus einsehbar. Zur Einstimmung auf den Ausflug lohnt ein Besuch auf der hauseigenen Home- page, um sich via Livecam einen Überblick über das aktuelle Wettergeschehen am Staffelsee zu verschaffen. Nur wenige Kilometer Luftlinie von der Kamera entfernt beginnt in Murnau unsere Route in das Naturidyll.

Vom Bahnhof führt ein Fußweg an der Mini- golfanlage vorbei zur Schiffanlegestelle am See. Dann geht es angenehm schattig am Südufer entlang. An mehreren Stellen lockt ein erfrisch- endes Bad im See, der sich in heißen Sommern auf bis zu 26 Grad aufheizen kann. Hinter dem

Im Naturschutzgebiet wandert man vorüber- gehend auf schmalen Wegen.

Für diese Perspektive auf die Badelandschaft am Restaurant Alpenblick sollte man sich ein Ruderboot mieten.

See-Ende hält man sich an der Weggabelung rechts und quert durch das schilfreiche Obernacher Moos nordwärts. Im Schutz der Gräser brüten seltene Zugvögel wie der Brachvogel, Europas größter Wattvogel, der an seinem langen Bogenschnabel erkennbar ist und mit melodischen Rufen auf sich aufmerksam macht. Weiter geht es durch den bewaldeten Tannenbacher Filz zum Randbezirk von Uffing.

Der See-Rundweg führt jedoch nicht direkt in den Ort, sondern in spitzem Winkel zum Seeufer zurück. Malerisch windet sich der Steig durch die üppigen Feuchtwiesen, in denen je nach Jahreszeit blaue Schwertlilien, Lungenenzian, Knabenkraut und gelbe Trollblumen blühen. An einem abgelegenen Winkel fühlt man sich mangels

Zivilisation – so weit das Auge reicht, ist der See von sattem Grün umgeben – an dünn besiedelte Gebiete Skandinavians erinnert. Das in Ufernähe flache Wasser eignet sich vor allem für Kleinkinder zum Baden. Anschließend geht es an prachtvollen Eichen vorbei zum Strandbad Aichele und auf dem Uferweg zum Restaurant Alpenblick, das direkt an der Uffinger Schiffanlegestelle liegt.

Vorzugsweise frischer Fisch

Nach so viel Tuchfühlung zum Wasser wächst der Appetit auf frischen Fisch. Je nach Fang des Fischers, Bestand des eigenen Fischweihers und Saison stehen Aal, Zander, Hecht, Renke oder Saibling auf der Speisekarte. Um in den Genuss der feinen Fischgerichte zu kommen, begibt man sich in das Terrassenlokal in der ersten Etage. Alternativ lässt man sich den ausgezeichneten Räucher- und Steckerlfisch direkt im Biergarten mit See- und Bergblick schmecken. Ein Lob sei an dieser Stelle auch dem auffällig freundlichen Personal gewidmet.

Eine Etage höher isst man im Lokal noch eine Klasse besser. Seit Januar 2006 zählt Michael Bott durch die Mitgliedschaft bei Euro-Toques zum illustren Kreis von 4000 umweltbewussten Spitzenköchen in Europa. Ein Euro-Toques-Koch verpflichtet sich, sämtliche Gerichte ohne Glutamat, Farbstoffe, Konservierungsmittel und Genmanipulation zuzubereiten. Außerdem bietet das Lokal als Mitglied der „Alpenkulinarik" vorwiegend regionale Produkte an, darunter Fische vom Staffelsee, Wild aus heimischen Wäldern und je nach Vorrat Kräuter aus dem eigenen Garten. Die frische, gesunde und somit authentische Küche passt zur Lebensphilosophie von Michael Bott, der das Kochen im Hotel Alpenhof in Murnau gelernt hat. Zusammen mit seiner Mutter Ingeborg, der „guten Seele des Hauses", und seinem Bruder Harald bildet er seit Jahren ein erfolgreiches Trio.

Seerestaurant Alpenblick 🏠

Inhaberin Inge Meißner-Bott
Küchenchef Michael Bott

Adresse Kirchtalstr. 30, 82449 Uffing

Telefon 08846-9300

E-Mail info@seerestaurant-alpenblick.de

Web www.seerestaurant-alpenblick.de

geöffnet Im Sommer täglich, Oktober bis April Do. Ruhetag; Biergarten ganzjährig bei schönem Wetter Sa./So./Fei und in den Ferien

Einkauf Mitglied bei „Alpenkulinarik", die für die Verwendung von natürlichen und regionalen Lebensmitteln steht.

Vegetarische Schmankerl Gebratenes und mariniertes Gemüse auf Rucolasalat mit Kirschtomaten und Parmesan (10 €), Spinatknödel mit brauner Butter, Parmesan und Salat (11 €), hausgemachte Tagliatelle mit frischen Pfifferlingen und Gartenkräutern in Sahnesauce (13 €)

Schmankerltipp für Flexitarier Heimischer Fischteller auf gebratenem Gemüse mit Rieslingrahmsauce und Kartoffeln (18 €)

Saibling im Ganzen gebraten mit Butter, Kartoffeln und buntem Gemüse (o.); Kinder beim Erkunden des Seeufers am Rand des Biergartens

Aktivität: Radtour oder Ski-Langlauf | Gastronomie: Bärlauch-Spezialitäten

Der Bärlauch-Papst

Radrundtour zwischen Staffelsee und Bayersoiener See

Wenn ein Fußball-Stammtisch vom Wirt eine Schnapsrunde einfordert, denkt man wohl eher an „Willi" als an Bärlauch. Doch Toni Kargl ließ seine Freunde vor gut 25 Jahren tatsächlich mit Bärlauchschnaps auflaufen, den nicht wenige als „greislich" empfanden. Den Durchbruch zum Bärlauch-Wirt schaffte Toni Kargl dann aber mit der legendären Bärlauchsuppe und anderen schmackhaften Bärlauchgerichten. Sogar die alten Bäuerinnen hatten den Bärlauch allenfalls auf einem Butterbrot oder mit Kartoffelsalat verzehrt. Viel Spielraum also für den ehrgeizigen Gastronom, um mit der nach Knoblauch riechenden Pflanze bis weit über die Landesgrenzen hinaus für Furore zu sorgen. Dabei hatte die eigene Oma von dem „stinkenden Zeug" so dringend abgeraten!

Auf Tuchfühlung zum Staffelsee

Heute betreibt Toni Kargl junior mit seiner Familie den Landgasthof Kargl, welcher bedingt durch die Höhenlage quasi den Gipfel unserer Rundtour darstellt. Nach der Querung von Murnau über Seehausen am Staffelsee nach Uffing und der Fahrt auf der Schöffauer Straße nach Schöffau geht es links über Kalkofen und Kirmesau hinauf nach Bad Bayersoien. Im Ort umrundet man den See und gelangt am Strandbad vorbei direkt zum Landgasthof in Saulgrub. Die Radroute führt in das benachbarte Bad Kohlgrub und nach kurzer Abfahrt in den Ortskern links auf der Steigrainer Straße nach Sprittelsberg. In weitem Bogen rollt man von hier in das Naturschutzgebiet am Staffelsee hinab. In Sichtweite des Sees radelt man durch das Obernacher Moos – ein großzügiges Moor- und Wiesenplateau mit reichlich Wollgras und kleinen Bachzuläufen – rechts haltend zum Südufer des Staffelsees. Der breite Kiesweg führt an versteckten Badenischen vorbei zur Seestraße nach Seehausen, wo der Abzweig zum Murnauer Bahnhof erfolgt.

Heimatliebe wider dem Preisdruck

Auch beim Junior-Chef des Landgasthofs Kargl nimmt der Bärlauch eine wichtige Rolle in der Küche ein. Da die altgediente Bedienung und Bärlauch-Sammlerin Irmi inzwischen „außer Dienst" ist, erntet der Junior-Chef die begehrte

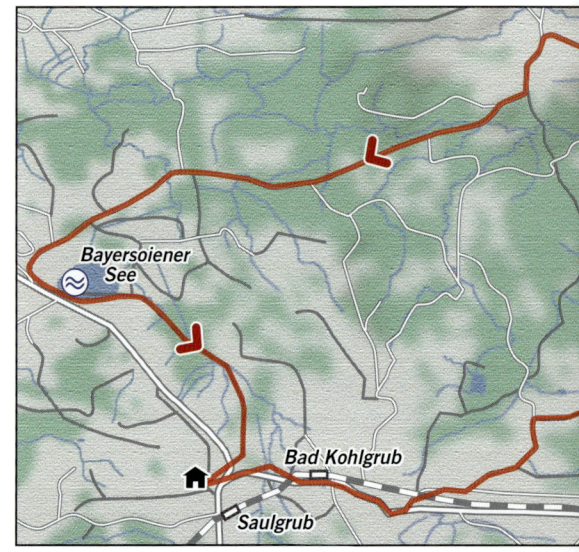

Aktivität	Radtour
Fahrzeit	3 ½ Std.
Höhenmeter	300
Strecke	46 km

Route Murnau → Uffing → Bad Kohlgrub → Saulgrub → Schöffau → Uffing → Murnau

Anfahrt

ÖVM Mit der Deutschen Bahn nach Murnau

Auto A95 Ausfahrt Sindelsdorf, B472, St2038 und B2 nach Murnau, im Ort Schild „Alle Richtungen" folgen, an der Ampelkreuzung links in die Bahnhofstraße, Parkplatz P1 neben der Tourist-Information

Navigation N 47.677908°, E 11.199017°

Charakter Zwischen Staffelsee und Bad Bayersoien präsentiert sich das Alpenvorland von seiner schönsten Seite. Der Bärlauchwirt liegt von der Höhenlage her praktisch auf dem Gipfel der Tour, die nach rasanter Abfahrt am malerischen Staffelseeufer ein sehr schönes Finale erfährt.

Wegweiser Alle Hauptorte sind gut beschildert.

Karte ADFC-Rk Bayerische Seen

Pflanze mit seiner Frau Jenny nebst Freunden selbst. Praktischerweise verlängert sich die Pflückperiode durch die Höhenlage von März bis in den Juni hinein – anders wäre der Bedarf von einigen Zentnern im Jahr wohl kaum zu decken. Zwar wächst der Bärlauch quasi vor der Tür, seine Verarbeitung ist jedoch mit viel Aufwand verbunden. Wenn etwa die Bärlauchsuppe

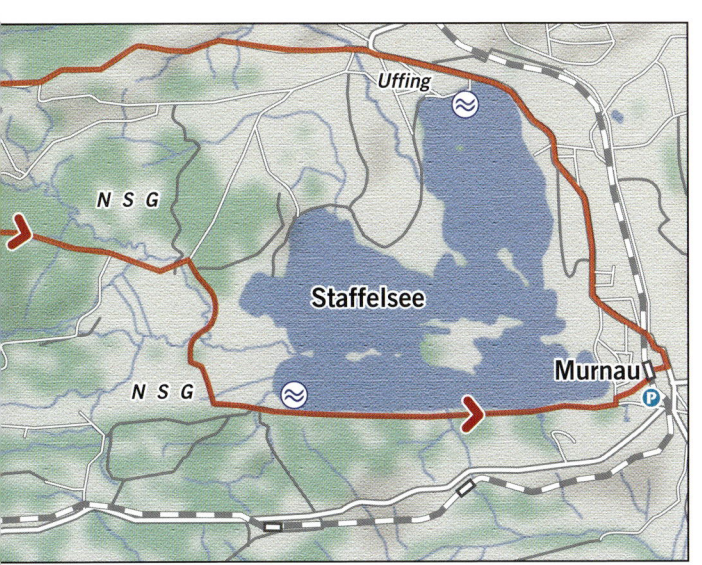

Ski-Langlauf-Tipp

Ideale Möglichkeiten zum Ski-Langlauf von Saulgrub auf dem Rundkurs Richtung Altenau (7 km), Richtung Bad Bayersoien (8 km) und auf der Loipe Kraggenau (6,5 km)

Radroute bei Uffing an einem ungewöhnlichen warmen Oktobertag

nach dem Kochen warm stehen bleibt, verfärbt sie sich vom ästhetischen Grün in wenig Appetit anregende gelbgraue Töne. Folglich darf man die Suppe je nach Bestellung nur in entsprechenden Portionen wärmen.

Natürlich ist nicht alles aus Bärlauch, was auf der Speisekarte steht. „Für unsere Gäste nur das Beste" ist das Leitmotiv des Landgasthofs Kargl: Der Lieferantennachweis ist der Speisekarte beigefügt. Das Wild etwa schießen die Jäger des Forstamts Linderhof, Gemüse und Salate werden während der Saison aus Ismaning sowie von Münchner Gärtnern bezogen und wenn der Bad Kohlgruber Schafbauer Werner Schauer Lämmer schlachtet, kommt zartes Frischfleisch in die Kargl-Küche. Doch bei aller Liebe zu heimischen Produkten und Bärlauchschmankerln: Ob Kargl's Bärlauchschnaps die richtige Einstimmung für die bevorstehende Abfahrt zum Staffelsee ist, ist reine Geschmackssache. Auch wenn der Schnaps durch eine durchschnittlich dreijährige Lagerzeit deutlich milder schmeckt als zu Stammtischzeiten der Fußballer …

Landgasthof Beim Kargl

Inhaber Hilde und Toni Kargl
Küchenchef Toni Kargl junior

Adresse Im Kirchfeld 9, 82442 Saulgrub

Telefon 0 88 45 - 640

E-Mail kargl-saulgrub@t-online.de

Web www.kargl-saulgrub.de

geöffnet Täglich außer Di. 11–22 Uhr, November und Dezember an Wochenenden sowie auf Anfrage

Einkauf Bauer Böck, Neufahrn (Gemüse); Fischzucht Thalhamer Mühle und Grainau (Forellen und Saiblinge); Metzgerei Christian Gerold, Oberammergau (Wild, das von Ammertaler Jägern geschossen wird)

Vegetarische Schmankerl Kargls Bärlauchsuppe (3,90 €), Gemüsegulasch mit Serviettenknödel (8,50 €), Bayern-Tris – Bärlauch- und Semmelknödel mit brauner Butter und Kässpatzen (8,90 €)

Schmankerltipps für Flexitarier Rehbraten mit Preiselbeerapfel, Nusstaler und Schwammerl in Rahm (15,90 €), ¼ Bauernente knusprig gebraten, mit Kartoffelknödel und Blaukraut (14,50 €)

Einladende Gartenterrasse des Landgasthofs Beim Kargl

Aktivität: Radtour | Gastronomie: taditionell, Käse-Spezialitäten

Käse-Romantik im Pfaffenwinkel

Radtour zwischen Schongau und Steingaden

Gleich sechs bekannte Rad- und Wanderrouten führen durch Steingaden im Pfaffenwinkel, darunter der König-Ludwig-Weg, der Jakobsweg und die Romantische Straße. Hauptursache für diese hohe Wegfrequenz dürfte die bekannte Wallfahrtskirche „Zum gegeißelten Heiland auf der Wies" sein, die nur drei Kilometer von Steingaden entfernt auf einem Hügel thront. Im Ort selbst lohnt das im romanischen Stil erbaute Welfenmünster einen Besuch. Schräg gegenüber der ehemaligen Prämonstratenserkirche lässt man sich im Schönegger Käse-Stüberl vor allem mit feinen Käse-gerichten verwöhnen.

Auf schöner Route nach Steingaden

In Verbindung mit der landschaftlich reiz-vollen Radrunde ist Steingaden ein sehr lohnen-des Ausflugsziel. Vom Bahnhof erreicht man nach wenigen hundert Metern den Lech. Noch vor der Brücke biegt man rechts in die Lechuferstraße ab und fährt am Freibad „Plantsch" vorbei zu etwas höher gelegenen Stausee empor. Ab der Staubrü-cke ist die Radroute nach Steingaden gut beschil-dert. Nach einer Schotterpassage im Wald stößt man auf ein kleines Teersträßchen, das sich male-risch durch das hügelige Alpenvorland schlängelt.

Gerichte mit Schönegger Käse

In Steingaden biegt man vor der Bachbrü-cke links zum Marktplatz ab. An der Klosteran-lage fährt man durch das Stadttor und direkt auf den einladenden Gastgarten des Schönegger Käse-Stüberls zu. Das ehemalige Klosterbräu-stüberl wurde im Jahr 2005 von Sepp Krönauer gepachtet. Der Käsermeister ist dank der Schön-egger Käse-Alm – die im Mai 2013 ihr 25-jähriges

Jubiläum gefeiert hat! – bis weit über die Grenzen des Pfaffenwinkels hinaus bekannt. Die Nach-frage nach mit silofreier Milch gefertigten Käse-produkten wurde im Lauf der Jahre so groß, dass die Alm 1995 zwischen Prem und Gründl eine Verkaufsfiliale errichtet hat. Auch die Eröffnung des Käse-Stüberls resultiert aus der wachsenden Anzahl an Käsegourmets.

Während Sepp Krönauer viel zwischen den Almen, dem Verkaufsladen und dem Stüberl hin und her pendelt, ist seine ungarische Lebensge-fährtin Alida Nagy vor allem während der som-merlichen Hauptsaison in Steingaden präsent. Vorausgesetzt, sie ist nicht auf einer Lebens-mittelmesse unterwegs oder sie wird nicht an anderer Stelle gebraucht. Mit viel Charme leitet sie den Service und sorgt mit ihrem überwiegend ungarischen Team für gute Stimmung unter den Gästen. Auch der Küchenchef Levente Vizes stammt aus ihrer Heimat.

Klar, dass der Schönegger Heumilch-Käse von der Käse-Alm die Hauptrolle in der Stüberl-Küche spielt. Für dessen Herstellung benötigt der Senner keinerlei Zusatz- oder Konservierungsmittel. Wer

Abfahrt nach Urspring, wo die Straße rechts zum Lechstausee abzweigt

Aktivität	Radtour
Fahrzeit	3 Std.
Höhenmeter	400
Strecke	39 km

Route Schongau → Kreut → Steingaden → Lechstausee → Burggen → Schongau

Anfahrt

ÖVM Mit der Deutschen Bahn nach Weilheim, dort in den Regionalzug nach Schongau umsteigen

Auto A96, Ausfahrt Landsberg West, B17 nach Schongau, Parkmöglichkeit in Bahnhofsnähe

Navigation N 47.812261°, E 10.901817°

Charakter Die Tour verläuft überwiegend auf kleinen Teerstraßen mit wenig Autoverkehr. Zwischendurch immer wieder kleinere, bissige Anstiege. Der Rückweg durch das Lechtal ist deutlich geruhsamer.

Wegweiser Bis Steingaden Radweg „Romantische Straße", ab dem Lechstausee teils Radschilder „Claudia Augusta"

Karte ADFC-Rk Bayerische Seen, 1:75.000

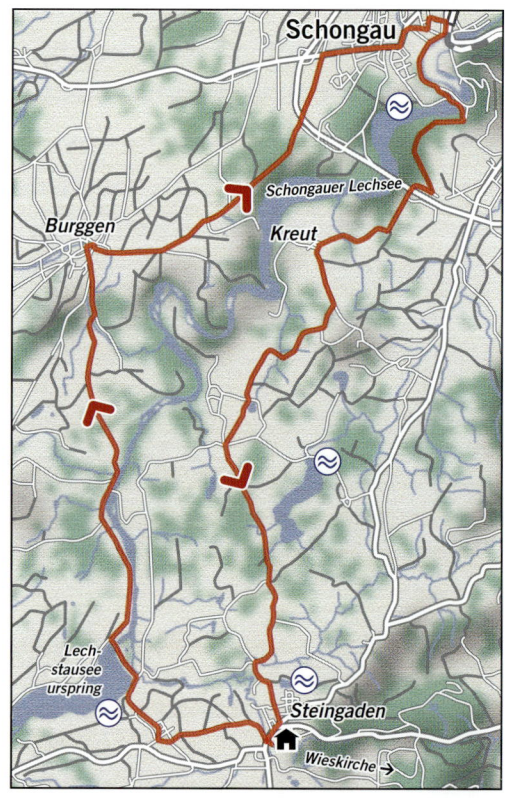

sich durch mehrere Heumilch-Käsesorten durch-probieren will, bestellt die gemischte Brotzeit-platte. Als Vorspeise empfiehlt sich die Schön-egger Käsesuppe. Die Kässpatz'n werden unter anderem mit Spinat und Walnüssen serviert. Und der Bauernkäse kommt beispielsweise gebacken mit Salatteller und Preiselbeeren auf den Tisch. Sehr beliebt sind auch die ab 17.30 Uhr statt-findenden Käsefondue-Essen ab zwei Personen, für die man spätestens am Vortag reservieren

sollte. Hierfür bieten die Kreuzgewölbe des 350 Jahre alten Gebäudes den passenden Rahmen.

Rückweg über Burggen

Wer mit gefülltem Käsemagen noch den mit einer Steigung gewürzten Abstecher zur nahen Wieskirche bewältigen will, folgt einfach den Schildern am südlichen Ortsausgang. Unser Rückweg beginnt jenseits der Bachbrücke an der Krankenhausstraße: An Rathaus und Mai-baum vorbei geht es aus dem Ort heraus. Von der aussichtsreichen Anhöhe erfolgt die kurze Abfahrt über Ursprung zum Lechstausee. Am Dammende geht es flussabwärts an einem Kraft-werk vorbei nach Burggen und an der Dorfkirche mit schönem Bergblick in Richtung Schongau. Die sehenswerte Altstadt liegt erhöht auf einem Geländesockel. Am zentralen Marienplatz ist die Schlussabfahrt zum Bahnhof beschildert.

Schönegger Käse-Stüberl 🏠

Inhaber Alida Nagy und Sepp Krönauer
Küchenchef Levente Vizes

Adresse Welfenstr. 10, 86989 Steingaden

Telefon 0 88 62 - 278

Web www.schoenegger.de

geöffnet Täglich außer Di. 11–23 Uhr, im Sommer ohne Ruhetag

Einkauf Natursauerteigbrot aus eigener Bauern-bäckerei, Käse aus eigener Käserei

Vegetarische Schmankerl Original Schönegger's Käsesuppe (2,90 €), Salatteller mit Crôutons, Walnüssen und Feigensenf-Dressing, Baguette (7,80 €), Schö-negger's Käseplatte mit verschiedenen Heumilchkäse, Obazda und hausgemachtem Frischkäse, reich garniert (6,90 €), original Kässpatz'n mit frischem Spinat, Walnüssen und gemischtem Salat (8,90 €)

Die deftigen Kässpatz'n mit frischem Spinat, Walnüssen und knackigem Salat sind ein Hausklassiker des Käse-Stüberls.

Aktivität: Radtour | Gastronomie: bodenständige bayerische und internationale Küche

Bäuerliche Weltküche

Radtour rund um den Ammersee

Ob im Schatten der uralten Linde, deren mächtiger Stamm im Lauf
der Jahrhunderte bereits größere Hohlräume gebildet hat, oder im
Kalkofen-, Jugendstil- und Rustikal-Ambiente der urigen Stuben –
der Gast spürt auf Anhieb, dass er sich im Wirtshaus am Kirchsteig
an einem besonderen Ort befindet. Das gleichermaßen außerge-
wöhnliche wie bewährte Küchenkonzept der „bäuerlichen Weltküche" hat die Chefin Christine Hirschberger von ihrem Vorgänger
Robert Sieber übernommen, der die Wirtschaft am Ammersee bis
2008 führte. Dahinter verbirgt sich eine ausgeprägte Weltenbummler-
Mentalität mit der Gabe, in fremde Kochtöpfe zu schauen und die
jeweiligen Rezepturen in der Dießener Heimat auszuprobieren …

Abendstimmung am Uttinger Schiffanlegesteg

Im Landschaftsgarten am Künstlerhaus Gasteiger zwischen Utting und Riederau

Von Herrsching über Schorndorf nach Dießen

Um nach der Einkehr im Wirtshaus am Kirchsteig schon zwei Drittel der Radtour hinter uns zu haben, umrunden wir den Ammersee gegen den Uhrzeigersinn. Nördlich des Herrschinger Bahnhofs überqueren wir die Gleise und biegen rechts in die Hechendorfer Straße. Wenig später folgen wir der Rauscher Straße links steil ansteigend nach Rausch. Weiter geht es über Ellwang nach Breitbrunn und auf dem beschilderten Radweg über Buch nach Inning. An der Kirche folgt links die Abfahrt nach Stegen am Nordufer des Ammersees. Wir überqueren die Amper und steuern auf dem Kiesweg durch die Schilflandschaft nach Schondorf. Weiter führt der Radweg stets in Nähe des Seeufers über Utting und Riederau nach Dießen.

An der Fähranlegestelle halten wir uns Richtung Ortszentrum und fahren an der Ampelkreuzung von der Mühlstraße kommend geradeaus die Herrenstraße empor. Nach einem kleinen Anstieg ist das Wirtshaus am Kirchsteig (Abzweig nach links) beschildert. Zu beachten sind die Öffnungszeiten: Nur sonn- und feiertags herrscht bereits am Mittag Betrieb!

Aktivität	Radtour
Fahrzeit	4 Std.
Höhenmeter	140
Strecke	46 km

Route Herrsching → Breitbrunn → Inning → Schondorf → Utting → Dießen → Herrsching

Anfahrt

ÖVM Mit der S 5 nach Herrsching

Auto A 96 Ausfahrt Neugilching / Weßling, St 2068 nach Herrsching, Parkmöglichkeit in Bahnhofsnähe

Navigation N 47.998408°, E 11.170918°

Charakter Während man am Ostufer des Ammersees ein eher hügeliges Streckenprofil vorfindet, verläuft der Abschnitt am Westufer weitgehend eben. Zum Kirchsteig muss allerdings ein kleiner Anstieg bewältigt werden. Insgesamt ist die Seeumrundung sehr abwechslungsreich und erholsam.

Karte ADFC-RK Bayerische Seen, 1:75.000

Sommer im Gastgarten: Rechts ist die uralte Linde zu sehen.

Bayerisch-internationale Speisen

Bei sommerlichem Wetter sitzt man sehr schön im Gastgarten des seit rund 400 Jahren bestehenden Wirtshauses und bekommt dort neben dem klassischen Wurstsalat die gleichen Gerichte serviert wie in der geschmackvoll eingerichteten Stube. Die Getränke holt man sich wie in einem klassischen Biergarten am Ausschank ab. Das Wirtshaus, das früher einen Bauernhof integrierte, ist ein Relikt aus dem 17. Jahrhundert. Bereits seit vielen Jahren bietet KiK, die Kleinkunst im Kirchsteig, im Obergeschoss Musik und Kabarett von Künstlern an, um neues Publikum anzulocken und um die Gaststube zu beleben.

Der Koch Norbert Bartel hatte drei Jahre lang mit Robert Sieber zusammengearbeitet und teilt dessen bäuerliche Weltküche bis heute. Wenn immer er ein fernes Land bereist, bringt er einen Rucksack voller neuer Ideen und Inspirationen in die Dießener Heimat mit. Das Nasi Goreng etwa ist das Resultat eines Aufenthalts in Thailand und der vegetarische Gemüseeintopf mit Süßkartoffeln resultiert aus einem Sansibar-Urlaub. Auch der mediterrane Einfluss ist nicht zu verkennen. Und der klassische bayerische Schweinsbraten darf ebenso nicht auf der Speisekarte fehlen. Die Auswahl der stets frischen Speisen richtet sich nach dem saisonalen Angebot: Bodenständigkeit setzt die Verwendung regionaler Zutaten voraus. Gemüse und Kräuter liefert je nach Vorrat der eigene Garten. Erwähnenswert ist der Bezug des Bio-Kaninchens aus der Landsberger Gefängniszucht.

Der Vegetarier findet immer eine schmackhafte Auswahl an Gerichten vor. Falls nichts nach dem eigenen Gusto auf der ständig wechselnden Tageskarte stehen sollte, lohnt eine Nachfrage beim freundlichen Personal: Sogar eine Vegan-Bestellung ist möglich. Auf die Wünsche ihrer Gäste einzugehen ist Christine Hirschberger, die aus dem niederbayerischen Fürstenzell

Wirtshaus am Kirchsteig 🏠

Inhaberin Christine Hirschberger
Küchenteam Christine Hirschberger und Norbert Bartel

Adresse Am Kirchsteig 30, 86911 Dießen

Telefon 08807-7286

E-Mail wirtshaus@googlemail.com

Web www.wirtshausamkirchsteig.de

geöffnet Mo. + Do.–Fr. ab 18 Uhr, So ab 11.30 Uhr, Di. + Mi. Ruhetag

Einkauf Dürrhansl (frische Eier); Metzger Rieß, Dießen (Würstl, Schwein, Rind); Landsberger Vollzugsanstalt (Bio-Kaninchen); Paul Gastl, Dießen und Ernst Bernhard, Utting (Saibling, Hecht, Zander)

Vegetarische Schmankerl Spargelcremesuppe mit Croutons (4,20 €), mit Ricotta, Parmesan und Kräutern gefüllte Radiccio im Salatbett mit Kernöl (9,90 €), mit Ziegenkäse und Rosmarin gefüllte Teigtaschen, in Kräuterbutter geschwenkt, dazu frisch gehobelter Parmesan und Rucola (11,90 €)

Schmankerltipp für Flexitarier In Olivenöl gebratener Saibling mit Rosmarinkartoffeln und Salat (14,90 €)

stammt und in der Dießener Klosterschule einst „Zucht und Ordnung" lernte, ebenso wichtig wie der Familienzusammenhalt. So ist ihr Mann für den Ausschank zuständig und ihre Tochter Maralen hilft im Service mit, während sich deren Schwester Annette zur Hotelfachfrau ausbilden lässt. Bei der Dessert-Bestellung lohnt die Nachfrage, ob die Oma gerade ihren legendären Apfelstrudel in den Ofen geschoben hat …

Von Dießen nach Herrsching

Vom Wirtshaus am Kirchsteig geht es zunächst auf bekannter Route zur Fähranlegestelle zurück und auf dem beschilderten Radweg Richtung Raisting. Vor Erreichen des Ortes zweigt nach links die Radroute nach Herrsching ab, die erst durch die Amperauen nach Fischen quert und später nordwärts am Ammerseeufer entlang führt.

Teigtaschen gefüllt mit Ziegenkäse und Rosmarin, Omas bester Apfelstrudel

Aktivität: Radtour | Gastronomie: überwiegend ökologisch

Biokost im Biergarten-Idyll

Radrundtour zwischen Dießen und Stillern

Wenn zur Hochsaison am Mittwochabend einheimische Musiker auf der offenen Bühne aufspielen, kommt Stimmung im friedvollen Hof-Biergarten Grenzebach auf. Tagsüber, wenn die Kinder auf der Ritterburg herumturnen und die heimischen Tiere hinter den Ohren kraulen, geht es hier eher ruhig zu. Ein wahrhaft aufregender Ort für Groß und Klein, zumal auch das kulinarische Angebot für einen Biergarten höchsten Ansprüchen genügt.

Von Dießen nach Stillern

Idealer Ausgangsort für die kleine Radtour ist die Dießener Schiffanlegestelle: Man fährt südwärts durch den kleinen Park und steuert entlang des Bahngleises auf die Straße zu. Hier geht es erst auf dem Radweg, dann auf der Raistinger Straße durch die Bahnunterführung nach Raisting. Im Ort folgt man rechts dem Wegweiser nach Stillern; die kleine Straße führt in geringfügiger Steigung durch das Rotttal direkt zum Hof-Biergarten Grenzebach.

Viel schöner kann ein Biergarten kaum liegen: Ringsum freie Wiesen und bewaldete Hügel, keine störende Straße weit und breit, viel Freiraum also zum Wohlfühlen und Genießen. Während die Kinder auf dem Spielplatz toben, sitzen die Erwachsenen entspannt bei einem Glas würzigen Lammsbräuer Bio-Bier. Wenn ein plötzlicher Regenschauer die Biergartenidylle trübt, kann in das Salettl ausgewichen werden. Die schlichte, lockere Atmosphäre im Salettl wird auch für private Feiern genutzt.

Fleisch- und Wurstwaren zu hundert Prozent ökologisch

Die Idee, in das bei schönem Wetter lukrative Biergartengeschäft einzusteigen, setzte die Familie

Grenzebacher vor über 20 Jahren um. Zuvor hatten die Gastgeber ihren Versuch abgebrochen, sich mit der Herstellung von Bergkäse ein finanzielles Standbein zu schaffen. An der Gesinnung – auf unverfälschte, reine Lebensmittel zu setzen – hat sich jedoch nichts geändert. So stammen typische Biergartenschmankerl wie Spareribs und Leberkäse von der Emmeringer Öko-Metzgerei Landfrau. Auch das frische Gemüse der Saison, das gebraten sehr delikat schmeckt, wird so oft wie möglich vom Mammendorfer Ökoring bezogen.

Die Familie Grenzebach hat schon seit jeher einen starken Bezug zur Landwirtschaft. Dass die ökologische Idee in Stillern seit Jahren so gut ankommt, liegt auch an einem veränderten Bewusstsein der Kundschaft. Im Zeitalter von Ekelfleisch und anderen Lebensmittelskandalen haftet längst kein Müsli-Image mehr auf der ökologischen Gesinnung. Umgekehrt ist das saftige Nackensteak vom Bio-Schwein mit hausgemachtem Kartoffelsalat auch heute noch ein seltener Luxus in der bayerischen Biergartenkultur.

Um den Hof-Biergarten Grenzebach noch bekannter zu machen, engagiert Christina Grenzebach zwei bis drei Konzerte im Jahr: darunter beispielsweise die Jazzband Grappellissimo mit ihrem Programm „Jazz meets Gipsy". Während der Hochsaison treten im Schnitt jeden zweiten Mittwoch Raistinger Musiker auf

*Unterwegs von
Raisting nach Stillern*

der offenen Bühne auf. Zur Sonnwendfeier gibt es einen gelungen Mix aus Musik und knisterndem Feuer.

Rückweg durch den Forst

Nach den Abendveranstaltungen empfiehlt es sich, auf bekannter Route wieder nach Dießen

Aktivität	Radtour
Fahrzeit	2 ½ Std.
Höhenmeter	80
Strecke	27 km

Route Dießen → Raisting → Stillern → Wengen → Dießen

Anfahrt

ÖVM S 8 nach Herrsching und Dampferfahrt nach Dießen (www.seenschifffahrt.de); alternativ mit dem Regionalzug über Weilheim oder Geltendorf nach Dießen

Auto A 96 Ausfahrt Weßling oder Schondorf und über Herrsching bzw. Utting nach Dießen

Navigation N 47.949638°, E 11.109281°

Charakter Auf der Hinfahrt von Dießen auf Radwegen oder Nebenstraßen nur gering ansteigend nach Stillern. Der Rückweg verläuft durch den Forst Bayerdießen und steigt im ersten Teil spürbar an. Für verkehrssichere Kinder gut geeignet

Wegweiser Der Biergarten ist von Raisting aus beschildert, in Abschnitten fährt man auf dem König-Ludwig-Radweg.

Karte Kompass-Wk 180 Starnberger See Ammersee, 1:50.000

*Im Grenzebacher Hof-Biergarten findet
jeder seine individuelle Nische.*

*Frisches, gebratenes Gartengemüse
der Saison*

Hof-Biergarten Grenzebach 🏠

Inhaber Christina und Sebastian Grenzebach
Küchenchefin Christina Grenzebach

Adresse Stillern, 82399 Raisting

Telefon 0 88 09 - 675 oder -862 (Biergarten)

E-Mail info@hof-biergarten.de

Web www.hof-biergarten.de

geöffnet Mi.–Fr. ab 17 Uhr, Sa. / So. / Fei ab 12 Uhr

Einkauf Ökoring, Mammendorf (Gemüse); Winkler's
Vollkorn Backstube, Mammendorf (Brot und Brezen);
Öko-Metzgerei Landfrau, Emmering (Wurst und Fleisch)

Vegetarische Schmankerltipps Hausgemachter
Obazda (5,50 €), hausgemachte Tomatensuppe mit
Feta und Bauernbrot (4,50 €), Stillerer Bergkässpatzen
mit eigenem ausgereiftem Bergkäs und Röstzwiebeln,
dazu eine Portion Eissalat mit würzigem Dressing (7,50 €)

Schmankerltipp für Flexitarier Tellerfleisch vom
Ochsen mit Bratkartoffeln und Sahnemeerrettich
(11,50 €)

zurückzufahren. Bei Tageslicht hingegen steuert man zunächst einen Kilometer gen Norden,
bevor vor der zweiten Bachbrücke links ein Forstweg in den Wald hinaufführt. Nach der Steigung
hält man sich hinter dem Blockhaus rechts, an
der ersten T-Kreuzung links und stößt an der
zweiten T-Kreuzung auf den König-Ludwig-Radweg. Dieser führt uns nordwärts über Wengen
an der St. Georg-Kirche in das Ortszentrum von
Dießen hinab.

Aktivität: Radtour | Gastronomie: innovative, kreative Küche

Kulinarische Vielfalt in der Taverne

Radtour zwischen Landsberg und Fuchstal

Das Trio aus Hof-, Kreuz- und Neuweiher kennen wohl nur die Lechtalbewohner zwischen Landsberg und Schongau rund um die Gemeinde Fuchstal. Manche Einheimische sehen in diesen Gewässern gar sogenannte Kraftorte, an deren Ufern zum Beispiel Baumstämme und –wurzeln besondere Formen annehmen. Weniger mystisch, aber durchaus lohnend sind die Radwege im Lechtal, darunter die „Romantische Straße", die den Fuchstaler Ortsteil Leeder passiert. Mitten im Dorf wartet das Gasthaus Zum Luitpold mit einer überraschend kreativen Küche auf.

Abwechslungsreiche Radtour im Lechtal

Unsere Radtour beginnt am Landsberger Bahnhof, von dem man südostwärts rasch die Lechbrücke erreicht. Nach Überqueren des Lechs zweigt rechts die Romantische Straße ab.

Durch den Lechpark Pössinger Au

Erster Höhepunkt ist der Lechpark Pössinger Au. Das drei Kilometer lange Landschaftsschutz-gebiet ist von Tümpeln und kleinen Bachläufen geprägt, die das Lechwasser hinterlassen hat. Im Zentrum des Parks befindet sich ein Wildsaugehege, nicht weit davon entfernt kann man die zutraulichen Damhirsche und Rehe aus nächster Nähe beim Fressen beobachten. Über die Geheimnisse des Froschlaichs, die Tiere unseres Waldes, den Kreislauf des Wassers oder den Lebensraum Weiher klären Informations-

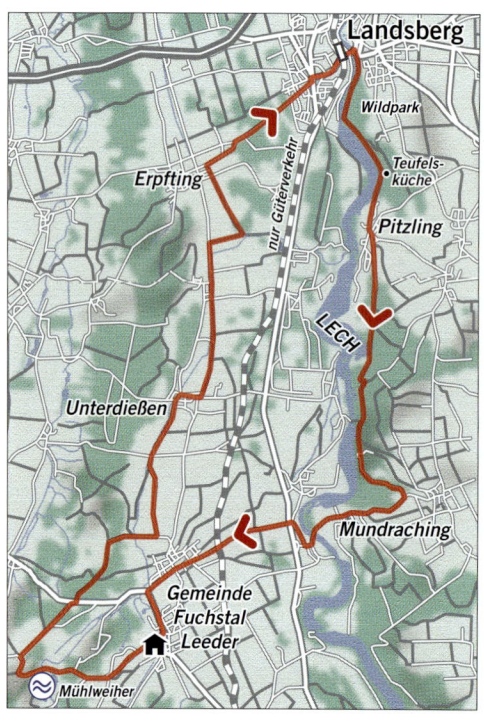

Aktivität	Radtour
Fahrzeit	3 Std.
Höhenmeter	350
Strecke	44 km

Route Landsberg → Pitzling → Lechmühlen → Fuchstal → Mühlweiher → Unterdießen → Erpfting → Landsberg

Anfahrt

ÖVM Gute Bahnverbindung von München nach Kaufering, dort Anschluss nach Landsberg

Auto A96 Ausfahrt Landsberg, in der Stadt Parkmöglichkeit in einer der beiden beschilderten Parkgaragen

Navigation N 48.047397°, E 10.872109°

Charakter Abwechslungsreiche Rundtour im Lechtal mit kurzen, heftigen Anstiegen, die vor allem auf dem Kiesbelag im Schlegelwald anstrengend sind. Sehr entspannend sind die flachen Abschnitte am Lechufer und die Rückfahrt ab Asch.

Wegweiser Von Landsberg nach Pitzling und zwischen Asch und Landsberg „Romantische Straße"; zwischen Pitzling und Ausgang Schlegelwald „Lech-Höhenweg"

Karte ADFC-Radkarte Bayerische Seen, 1:75.000

tafeln des Naturlehrpfads auf. Der eigentliche Radweg verläuft meist direkt am Lechufer. Am südlichen Parkrand passiert man die Einkehr Teufelsmühle.

Im Ort Pitzling folgt man nicht der Romantischen Straße, sondern rechts dem Wegweiser „Lech-Höhenweg". Der Höhenweg führt im steten Auf und Ab auf Kieswegen durch den Schlegelwald, den man zuletzt durch ein schönes Bachtal verlässt. Man stößt auf eine T-Kreuzung, an der die kleine Teerstraße rechts nach Mundraching hinabführt. Jenseits der Lechbrücke biegt man in Lechmühlen rechts ab (Wegweiser R6) und gelangt nach kurzem heftigen Anstieg zur B 17. Auf einer Nebenstraße steuert man nach Asch und im Ort in Richtung Schongau. Nach einer Rechtskurve erreicht man den Ort Leeder.

Innovativ in alten Gemäuern

In der Ortsmitte stößt man auf das im 16. Jahrhundert errichtete, gotische Gasthaus Zum Luitpold, in dem früher die Schlosstaverne

untergebracht war. Die ehemaligen herrschaftlichen Gebäude sind bis auf die teilweise erhaltene Einfriedungsmauer, an der Knöterich wuchert, verfallen. Der ehemalige Geräteschuppen, der bis in die 1940er Jahre als Kino diente, erstrahlt als frisch renovierter Festsaal in neuem Glanz. Inmitten dieser sehenswerten Gebäude-Kulisse tafelt man im Garten in Schatten zweier Eschen direkt an einem kleinen Naturteich, in dem Forellen gezüchtet werden. Besonders romantisch sitzt man im gemütlichen Pavillon.

An Werktagen öffnet das Gasthaus erst ab 17 Uhr, eine Reservierung ist zu empfehlen. Da Harald Keßler ein Verfechter der innovativen Küche ist, sucht man frittierte Gerichte wie Wiener Schnitzel mit Pommes frites vergeblich auf der Speisekarte. Schmackhaftes Essen hat mit Qualität zu tun, weshalb sich der Küchenchef mit folgendem Zitat identifiziert: „Köstliche Dinge brauchen keine Geschmacksverstärker oder Aromen. Keine künstlichen und keine natürlichen und keine naturidentischen. Sondern überhaupt keine. Nie."

Schön eingewachsener Gastgarten mit Teich; Mozzarella gefüllt mit warmem Pfifferlingsalat

Bogen zurück nach Asch. Von Unterdießen fährt man wahlweise auf der Romantischen Straße oder parallel am Luibach (weißgrüne Radschilder) entlang nach Ellighofen. Am Sportplatz von Erpfting erfolgt der beschilderte Abzweig nach Landsberg.

Mit dieser Philosophie kreiert Harald Keßler aus Produkten wie Feldsalat oder Pfifferlingen eine komplette Speisekarte. Vegetarier finden zwei bis drei raffiniert zubereitete Tagesgerichte abseits von Käsespatzen oder gemischtem Beilagensalat, dazu schmackhafte Suppen und delikate Desserts. Ausgezeichnet schmecken auch Fleischgerichte wie Perlhuhnbrust auf Mirabellensoße und Wachtel-Dreierlei (Ei, Brust, Keule) mit Trüffel, Kartoffelstrudel und gemischtem Salat.

Rückfahrt über Erpfting

An der Nordseite des Gasthauses führt die Straße – entweder direkt oder nach kurzem Abstecher zur nahen Seerose am Neuweiher – im

Gasthaus Zum Luitpold 🏠

Inhaber Maria und Harald Keßler
Küchenchef Harald Keßler

Adresse Hauptstr. 36, 86925 Fuchstal-Leeder

Telefon 0 82 43 - 31 60

E-Mail info@restaurant-luitpold.de

Web www.restaurant-luitpold.de

geöffnet Mi.–Fr. 17–1 Uhr, Sa. 11.30–14.30 u. 17–1 Uhr, So. und feiertags 10–1 Uhr

Einkauf Überwiegend regional

Schmankerltipps Vegetarische Schmankerltipps
Kartoffel-Lauchcremesuppe mit französischem Sommertrüffel (4,80 €), Mozzarella gefüllt mit Pfifferlingsalat in Tomatenvinaigrette (8,80 €), Weizenfladen mit Pfifferlinggemüsefüllung, dazu Crème fraîche (11,80 €), Stachelbeersorbet, Holunderblütencreme, kleiner warmer Stachelbeer-Käsekuchen (7,80 €)

Schmankerltipp für Flexitarier Forellenstrudel, Saiblingsröllchen, Zanderfilet in Mandelbutter, Weißweinschaum, grünes Risotto, gemischter Salat (17,80 €)

Aktivität: Radtour | Gastronomie: Fischspezialitäten, selbstgemachte Kuchen

Logenplatz am Wörthsee

Radrundtour im Fünfseenland

Bei Wind muss man fast aufpassen, dass einem die Gischt der kleinen Wellen nicht auf den Teller spritzt; dass die Terrine von Edelfischen statt auf Kräuter-Limettensoße plötzlich auf frischem Wörthseewasser schwimmt. Spaß beiseite: Noch weniger Abstand zum Wasser als von der Terrasse bei Raabe am See ist kaum möglich. Im Winter reichen die ersten Sonnenstrahlen, um die begehrten Plätze am Wasser mit Cafégästen zu füllen. Und an lauen Sommerabenden sind die Plätze mit Blick in den Sonnenuntergang besonders begehrt. Alternativ genießt man die fein zubereiteten Speisen im Lokal.

Schöne Badestelle bei Steinbach am Wörthsee

Freizeit pur im Fünfseenland

Von der Restaurantterrasse sieht man in der Steinebacher Bucht im Sommer zahlreiche Segelboote vor Anker liegen. Das größte davon, eine Hurley 700, gehörte einem guten Freund und ist mittlerweile in den benachbarten Starnberger See umgezogen. Oft genug waren wir mit dem Schlauchboot zur Jolle gepaddelt, nicht ohne Eile, da es offensichtlich nicht ganz dicht war und unterwegs langsam zu versinken drohte. An Bord hatten wir in wechselnden Besetzungen

Aktivität	Radtour
Fahrzeit	2 ½ Std.
Höhenmeter	150
Strecke	34 km

Route Weßling → Hochstadt → Unering → Herrsching → Hechendorf → Steinebach → Weßling

Anfahrt

ÖVM Mit der S8 nach Weßling

Auto A96 Ausfahrt Weßling, St2068 nach Weßling, Parkplatz am Bahnhof

Navigation N 48.07719°, E 11.25176°

Charakter Mit Weßlinger See, Ammersee, Pilsensee und Wörthsee liegen gleich vier Seen an der Strecke dieser Rundfahrt durch das Fünfseenland. Vor allem von den Seen erfolgen kleinere Steigungen. Ab Hechendorf verläuft ein guter Teil der Strecke auf Kieswegen.

Wegweiser Etappenorte gut beschildert, zwischen Herrsching und Wörthsee König-Ludwig-Radweg

Karte Kompass-Wk Fünfseenland, 1:50.000

Schloss Seefeld am Pilsensee

immer unseren Spaß und kreuzten mit mehr oder weniger Wind über den See, Badeeinheiten inklusive.

Bei der folgenden Radrundtour durch das Fünfseenland gibt es gleich an vier Seen Gelegenheit, ein erfrischendes Bad zu nehmen. Ausgangsort ist der Bahnhof Weßling mit dem Weßlinger See. Etwas östlich führt ein kurzer, steiler Anstieg (Gautinger Straße) nach Oberpfaffenhofen. Nach Passieren des Flugplatzes (Ww. Unterbrunn) zweigt rechts eine Straße nach Hochstadt ab. Anschließend geht es über die Orte Unering, Drößling und Frieding in zuletzt rasanter Abfahrt nach Herrsching am Ammersee. Im Ort steuert man Richtung Inning (Rieder Straße) und folgt am Bahngleis dem Radwegweiser durch das Naturschutzgebiet Herrschinger Moos auf der Seestraße am Strandbad vorbei nach Hechendorf.

Im unteren Ortsrand geht es an der Hauptstraße links, 200

Meter nach der Bahnunterführung rechts in die Günteringer Straße und links auf dem Steinebacher Weg nach Steinebach. An der Dorfstraße halten wir uns rechts und folgen dem Birkenweg zur Badestelle am Wörthsee. Die Seepromenade führt rechts zur Seestraße und diese in Ufernähe zum Raabe am See. Um nach Weßling zurückzukehren, pedalt man auf der ab dem S-Bahnhof (erreichbar auf Etterschlager und Weßlinger Straße) beschilderten Route durch den Wald und in Weßling auf der Kolping- bzw. Schulstraße.

Küche mit Gourmetanspruch

Selbst eine Zeitreise in die Bademode des vergangenen Jahrhunderts hat es hier schon gegeben, bei der sich die Models unter großem Jubel auf dem beleuchteten „Laufsteg" im Strandbad präsentierten. Für diese Aktion hatte Thomas Bernhard die Klamotten unter großem Recheraufwand vom Kostümverleih oder über Ebay beschafft. Der ausgebildete Restaurantfachmann leitet den Raabe am See nach einer Stippvisite im Hotel Steigenberger Belvedere in Davos seit 1992 als Nachfolger seiner Eltern. Nun wäre es ungerecht, eine der besten Einkehren im Fünfseenland auf die privilegierte Lage am Wörthsee und auf originelle Aktionen zu beschränken. Denn die Ehefrau und Küchenchefin Maria Bernhard, Mutter zweier Kinder, bietet eine feine, gourmeterprobte Küche. Nach der Ausbildung im Grillrestaurant des Café Luitpold in München

Raabe am See 🏠

Inhaber Thomas Bernhard
Küchenchefin Maria Bernhard

Adresse Seestr. 97, 82237 Steinebach

Telefon 08153-7205

E-Mail info@raabe-am-see.de

Web www.raabe-am-see.de

geöffnet Täglich 9 Uhr bis Sonnenuntergang

Einkauf Rohprodukte nach saisonaler Verfügbarkeit und frisch vom Markt, z.B. Unser Land, (Kartoffeln); Molkerei Scheitz, Andechs (Milchprodukte); Landfrau, Emmering (Öko-Fleisch); Ludwig Märkl, Wenigmünchen (Reh, Wildschwein)

Info Angrenzendes Strandbad mit Bootsverleih

Vegetarische Schmankerl Salat mit gebratenem Ziegenkäse mit Honig verfeinert auf bunten Blattsalaten in Balsamicodressing mit Mammutoliven (11,80 €), Nudelsäckchen gefüllt mit Pfifferlingen, sautiert mit roter Pesto und jungem Spinat (8,50 €),

Schmankerltipps für Flexitarier 3 gebratene Renkenfilets auf buntem Zucchini-Zuckerschotengemüse mit Petersilienkartoffeln (17,50 €), Öko-Ochsenbrust mit Kren und Starnberger-Land-Kartoffeln (13,80 €)

SEESAIBLING IN DER PAPILLOTE

Zutaten pro Person: 1 frischer, rotfleischiger Seesaibling (ca. 300 g), Salz und Pfeffer aus der Mühle, frischer Estragon, Basilikum und Salbei, 1 Zehe gehackter Knoblauch, Karotten, Sellerie, Lauch, Butter, Olivenöl und Alufolie

Zubereitung: Die Karotten und den Sellerie schälen, beim Lauch die äußeren Blätter entfernen. Alles in feine Streifen (Julienne) schneiden. Zuerst die Karotten- und Selleriestreifen im Topf mit etwas Butter anschwitzen, dann den Lauch dazugeben und mit trockenem Weißwein ablöschen. Den Topf mit dem Gemüse abkühlen lassen. Inzwischen den frischen Saibling kurz mit kaltem Wasser abwaschen, mit Küchenpapier abtupfen sowie mit Salz und Pfeffer innen und außen würzen. Die Kräuter waschen und zusammen mit den Gemüsestreifen und dem Knoblauch den Saibling füllen. Nun den Fisch auf ein Stück Alufolie (ca. 40 x 40 cm) legen, mit etwas Olivenöl bestreichen und die Folie ballonförmig und dicht verschließen. Im vorgeheizten Ofen bei ca. 160° Heißluft ca. 20 Min. garen. Die Folie erst beim Servieren öffnen. Dazu reichen Sie Salzkartoffeln mit frischen, gehackten Kräutern.

Schlemmen mit Seeblick bei Raabe am See

arbeitete sie in den renommierten Häusern Dallmayr, Feinkost Käfer, Restaurant Böttner und Mövenpick Zürich.

Einer ihrer Klassiker ist der frische Seesaibling in der Papillote. Die fein gewürzte Gemüsefüllung zergeht auf der Zunge und der Fisch hat einen guten Eigengeschmack. Dazu passt der rassig-frische Chardonnay delle Venezie. Da die Gastgeber das Rezept verraten, können Hobbyköche ihr Talent auf die Probe stellen. Für das Aroma ist es wichtig, die Alufolie erst beim Servieren zu öffnen. Der Schwerpunkt der Küche liegt zwar auf Spezialitäten aus dem See und Meer, doch auch die Wild- und Lammgerichte oder je nach Saisonangebot das eine oder andere vegetarische Gericht sind sehr empfehlenswert. Als Dessert verlocken die hausgemachten Strudel, Kuchen und Torten.

Aktivität: Wanderung | Gastronomie: gesunde, biologische Küche

Herbstlaub-Magie und himmlisches Essen

Wanderung um den Weßlinger See nach Oberpfaffenhofen

Er hat nur einen Umfang von 1,8 Kilometern, ist mangels Zu- oder Abfluss vollkommen isoliert und muss künstlich „beatmet" werden: der Weßlinger See im Fünfseenland. In der Seemitte wurde eine Sauerstoffpumpe installiert, um das Tiefenwasser zu belüften und somit das Überleben des Fischbestands zu sichern. Durch die Belüftungsanlage spritzt das Wasser in regelmäßigen Abständen wie bei einem Geysir fontänenartig in die Höhe. Besonders fotogen zeigt sich der See an einem schönen Herbsttag, wenn das prachtvolle Laub der Bäume Müßiggänger und Hobbymaler anzieht. Am Weßlinger See fühlt man sich ebenso wohl wie im nahen Bio-Gasthof Il Plonner, der – aus dem Catering-Unternehmen Il Cielo (das italienische Wort für „der Himmel") resultierend – eine gesunde und schmackhafte Bio-Küche bietet.

Über den Weßlinger See nach Oberpfaffenhofen

Vom Weßlinger Bahnhof gehen wir die Bahnhofstraße westwärts zur Hauptstraße, dort ein kurzes Stück nach links und rechts auf dem Mariengaßl zum Weßlinger See. Ein kürzerer Weg von einem S-Bahnhof zu einem Badesee mit Erholungscharakter ist kaum möglich! Wir passieren das Café am See und genießen den ungetrübten Seeblick. See- und Uferweg führen uns an sogenannten Schilf- und Flachwasserzonen entlang, wo Enten geruhsam im Wasser treiben und der Kormoran – Vogel des Jahres 2010 – zum Leidwesen der örtlichen Fischer auf Fischjagd geht. Das Alzheimergassl leitet uns zur Straße Am Karpfenwinkel, die später in die Ettenhofener Straße übergeht und geradewegs nach Oberpfaffenhofen zum Gasthof Il Plonner führt.

Vom Kindergarten zur anerkannten Bio-Küche

Carola Petrone wollte ihre drei Kinder von Anfang an nach ökologischen Grundwerten versorgen. Mangels Durchsetzbarkeit über den behördlichen Weg übernahm sie für den Mittagstisch des Kindergartens selbst den Einkauf und die Kochregie. Monate später belieferte sie bereits ein Dutzend weitere Kindergärten und Kitas mit ihrer gesunden Kost. Grund genug, mit ihrem Mann Domenico 2005 das Unternehmen Il Cielo zu gründen, zumal Letzterer über Erfahrung in der Gastronomie verfügte. Verdienter Lohn für ihr Konzept – immerhin bestellten mittlerweile bereits Münchner Schulen Essen von Il Cielo – war die Wahl zum „Caterer des Jahres 2012". Nicht erst seit dieser Ehrung sieht sich das ambitionierte Ehepaar in ihrem Leitmotiv „Frisch. Bio. Aus der Heimat" voll und ganz

Birkenlaub gegen die Nachmittagssonne an einem milden Novembertag; im Hintergrund ist die „Geysir-Fontäne" von der Sauerstoffpumpe zu sehen.

Aktivität	Wanderung
Gehzeit	1 ½ Std.
Strecke	4,5 km

Route Bahnhof Weßling → Weßlinger See → Oberpfaffenhofen → Weßling

Anfahrt

ÖVM Mit der S 8 nach Weßling

Auto Autobahn A 96 Ausfahrt Weßling, St 2068 nach Weßling, Parkplatz am Bahnhof

Navigation N 48.077054°, E 11.251191°

Charakter Kurzer Spaziergang rund um den Weßlinger See für Müßiggänger

Wegweiser See-Rundweg; Orientierung einfach

Karte Kompass-Wk 180 Starnberger See Ammersee, 1:50.000

Malerische Augenblicke am Ostufer des Weßlinger Sees

bestätigt. „Essen kann himmlisch sein, nämlich dann, wenn es frisch zubereitet ist und die Zutaten unverfälscht mit ihrem Eigengeschmack auf den Tisch kommen", betont Domenico Petrone.

Das Erfolgskonzept der gesunden Küche hatte das Ehepaar im Mai 2011 auch auf das italienisch-bayerische Il Plonner übertragen. Der Dorfgasthof bietet eine kleine Speisekarte und eine zusätzliche Tageskarte mit raffiniert zubereiteten Spezialitäten. Während sich der Flexitarier auf ein gegrilltes Bio-Rindersteak mit saisonalen Beilagen freuen kann, gibt es für den Vegetarier zum Beispiel einen hausgemachten Gemüsestrudel mit Ingwer und Pesto-Spiegel. Im November 2012 wurde der neue Pizzaofen eingeweiht – der Teig

für die Pizzen wird aus Dinkelmehl hergestellt. Als Dessert kommen ein warmes Schokoladentörtchen in Quittenkompott oder eine herzhafte Käseplatte in Frage.

Da im Il Plonner die gute Küche mit Kultur und Kunst ein stimmiges Gesamtkonzept bildet, werden regelmäßig Veranstaltungen mit Themen-Menüs organisiert. Großen Anklang finden der Weiberfasching, die Walpurgisnacht – hier versammeln sich Hexen zum Ritt auf den Blocksberg und zum Tanz um den Maibaum –, der Kirchweihtanz und die das Jahr krönende Silvesterparty. Und am 17. Mai feiert der Gasthof jedes Jahr seinen Geburtstag mit wechselnder musikalischer Abendveranstaltung und einem köstlichen Buffet aus der Il Plonner-Küche. Zudem stellen regionale Künstler im Quartalswechsel ihre Bilder aus, wodurch im Gastraum eine gelungene Mischung aus Tradition und Moderne entsteht.

Rückweg mit Badeoption

Nach der Einkehr wandern wir auf der Ettenhofer Straße zurück zum Weßlinger See. An der Straßenlaterne mit dem Schild „Benutzung des Seeweges auf eigene Gefahr" folgen wir dem rechts abzweigenden Pfad zum Seeuferweg. Es folgt eine Trampelpfad-Passage mit schönen Buchen, Eichen, Birken und Weiden. Die auf einem Steg positionierte Sitzbank dürfte bei schönem Wetter meist belegt sein. Hier haben wir einen älteren Herren beim Malen eines farbenfrohen Herbstlaub-Wasserspiegelung-Gemäldes beobachtet. Der Weg mündet in den ausgewiesenen Badebereich am See mit Liegewiese und Blick in die Abendsonne. Die Fütterung der Wasservögel ist streng untersagt, da durch die Kotabsonderung und der daraus resultierenden Sauerstoffarmut im Wasser die Fische sterben und somit auch der See umzukippen droht. Jenseits des Badebereichs gelangen wir über Fischerweg, Seeweg und Hauptstraße zurück zum Bahnhof.

Il Plonner – der Dorf-Gasthof 🏠

Inhaber Carola und Domenico Patrone
Küchenchef Udo Kloss

Adresse Gautinger Str. 52, 82234 Weßling

Telefon 0 81 53 - 91 61 27

E-Mail plonner@ilcielo.de

Web www.ilcielo.de

geöffnet Täglich 12–14.30 und 18–22 Uhr

Einkauf Die Lieferanten werden auf Speisekarte und im Internet genannt, darunter Ökoring, Mammendorf; Gärtnerei am Osterholz (Demeter), Wörthsee-Walchstadt; Bühler GmbH, Steinhausen; Bio-Metzgerei Landfrau, Emmering

Übernachtung 9 Zimmer im modern eingerichteten Bio-Hotel

Vegetarische Schmankerl Karotten-Ingwer-Suppe (5,80 €), Plonner Sommersalat mit Caccotta-Käse (14,50 €), Zucchini-Champignon in Kräuter-Weißwein-Sauce mit gebratenem Semmelknödel (11,80 €), Creme Brûlée (5,80 €)

Schmankerltipp für Flexitarier Lammschnitzel in Kräuterbrösel mit Gratin und toskanischem Gemüse (21,80 €)

Hausgemachte Gnocchi mit Gemüse und Panna Cotta mit Beerensauce und weißer Schokolade

Aktivität: Radtour | Gastronomie: traditionelle und regionale Bio-Küche

Öko-Nische mit Apfelgarten

Radrundtour im Dachauer Hinterland

Großevents wie die Fußball-WM 2006 in Deutschland spornen manchmal zur Umsetzung ausgefallener Ideen an. Die Familie Hörger in Hohenbercha etwa erfüllte sich zu diesem Anlass mit der Eröffnung eines einzigartigen Landhotels – Motto: „Wohnen im Apfelgarten" – einen Traum. Das aus Bioholz gefertigte und mit Solarenergie beheizte Objekt kommt bei den Gästen ebenso gut an wie die seit Februar 2007 komplett auf Bio umgestellte Küche. Neuerdings stehen sechs Leihräder zur Verfügung, mit denen sich die reizvolle Landschaft der näheren Umgebung erkunden lässt.

Anfahrt von Röhrmoos

Mit dem eigenen Rad fährt man vom Röhrmooser Bahnhof nordwärts über Riedenzhofen nach Vierkirchen. An der sehenswerten Vierkirchener Pfarrkirche hält man sich links und steuert wenig später rechts auf der Asbacher Straße leicht abwärts nach Asbach im Glonner Tal. Von hier geht es mit Blick auf Petershausen ostwärts über die Orte Kollbach und Weißlach angenehm durch den Mittacher Graben. Bei Grandlmiltach ist die Abzweigung zur Tafernwirtschaft Hohenbercha beschildert.

Leben mit dem Lande

Bei schönem Wetter tafelt man im Schatten alter Kastanienbäume auf der Terrasse. Gleich nebenan finden die Kinder einen Natur- und Erlebnisspielplatz mit Kletterhügel, wo sie Wasser aus dem Brunnen pumpen und anschließend als Bach zu Tale fließen lassen. Die hauseigenen Kinder Andreas, Ludwig, Josef und Georg sind mittlerweile im Jugendalter.

„Leben mit dem Lande" lautet das Motto der Tafernwirtschaft, in der die Kochleidenschaft ohne natürliche Produkte aus der Heimat so

Aktivität	Radtour
Fahrzeit	3 Std.
Höhenmeter	100
Strecke	44 km

Route Röhrmoos → Vierkirchen → Kollbach → Hohenbercha → Ampermoching → Mariabrunn → Röhrmoos

Anfahrt

ÖVM Mit der S 2 über Dachau nach Röhrmoos

Auto Von Dachau über Ampermoching oder über die Orte Walpertshofen und Unterweilbach nach Röhrmoos

Navigation N 48.332974°, E 11.445093°

Charakter Entspannende Rundtour im Dachauer Hinterland. Im ersten Abschnitt geht es durch Wälder und einen Graben sowie über Felder und Dörfer genussvoll in das Ampertal. Hier verläuft fast die gesamte Strecke bis Ampermoching auf Kieswegen. Mit der Wallfahrtskirche Mariabrunn wird schließlich der Gipfel der Tour erreicht.

Wegweiser Zwischen Zinklmiltach und Ampermoching fährt man auf dem Ammer-Amper-Radweg, dann folgt man den Schildern in Richtung Röhrmoos.

Karte ADFC-RK München / Mittlere Isar, 1:75.000

nie entstanden wäre. Die Nachhaltigkeit ist im zertifizierten Bio-Restaurant eine Selbstverständlichkeit: Salate und Gemüse stammen von Georg Sturm aus Paunzhausen, Forellen, Bachsaiblinge, Karpfen und Waller von der Echinger Fischzucht

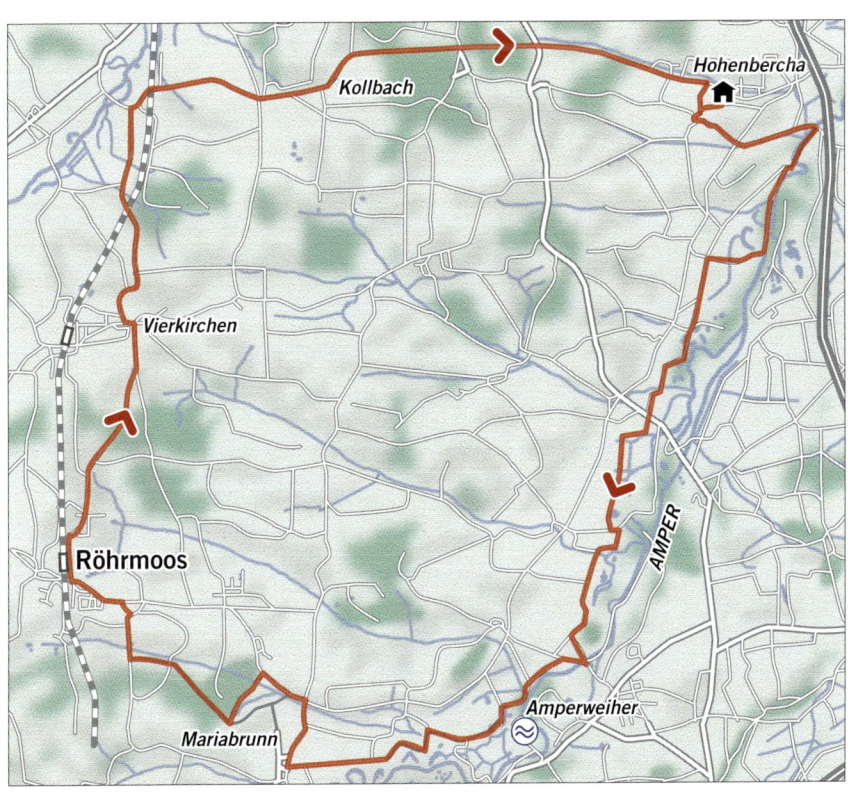

Aussichtsreiche und bestens beschilderte Radroute im Ampertal

Nadler Kurz, Wild vom einheimischen Jäger und das Obst reift im eigenen Garten heran. Der eigene Gemüsegarten ist im Entstehen. Wenn die frischen Produkte dann zu kulinarischen Schmankerln verarbeitet werden, ist die zweimalige Auszeichnung zum Landkreissieger im Wettbewerb Bayerische Küche und die Empfehlung bei Feinschmecker die logische Konsequenz. Auch die Slow Food-Mitgliedschaft ist den Inhabern wichtig.

Durch das Ampertal nach Mariabrunn

Nach der gelungenen Einkehr folgt Teil zwei der schönen Radrundtour. Der Ammer-Amper-Radweg, der uns bis Ampermoching als Wegweiser dient, liegt uns in Hohenbercha quasi zu Füßen: Nach Verlassen der Ortschaft an der Straßengabelung geht es links hinab in Richtung Autobahn. Im Ampertal steuert man meist auf Kieswegen kreuz und quer über die Felder. Im letzten Drittel erreicht man den Amperweiher, auf dem prächtige Seerosen gedeihen. Auch Baden ist hier möglich. Am Ortsrand von Ampermoching verlässt man die Ammer-Amper-Route und steuert geradeaus auf die Indersdorfer Straße zu, die uns rechts auf Radwegen zur finalen Steigung nach Mariabrunn führt. Nur ein wenig Muskelkraft trennt uns jetzt noch vom bekannten Wallfahrtsort, von dem der beschilderte Waldweg nach Röhrmoos abzweigt.

Auf dem Rückweg kommt man an der Wallfahrtskirche Mariabrunn vorbei.

Hörger-Hausfassade mit ertragreichen Birnbäumen

Restaurant Hörger 🏠

Inhaber Martina und Andreas Hörger
Küchenchef Klaus Hörger

Adresse Hohenbercha 38, 85402 Kranzberg

Telefon 08166-990980

E-Mail info@hoerger-biohotel.de

Web www.hoerger-biohotel.de

geöffnet Täglich durchgehend warme Küche 11.30–22 Uhr

Übernachtung 21 individuelle Zimmer mit Blick auf den Apfelgarten im neuen Hotel

Einkauf Bei Direktvermarktungs-Betrieben (Liste im Internet)

Vegetarische Schmankerl Warmer Ziegenkäse mit Vanille-Balsamico-Honig (7,90 €), Kartoffelnockerl mit Bärlauchpesto und Spargel (11,90 €), Bayrisch Creme mit Himbeerspiegel (4,80 €)

Schmankerltipps für Flexitarier Südfranzösische Fischsuppe mit Sauce Rouille (11,90 €), Vitalmenü mit drei Gängen (11,90 €)

BAYRISCH CREME MIT HIMBEERSPIEGEL

Zutaten: 1 l Milch, 8 Eigelb, 250 g Zucker, 1 Vanilleschote, 8 Blatt Gelatine, Schuss Grand Manier, 1 l Sahne

Zubereitung: Milch, Eigelb, Zucker und die Vanilleschote über einem Wasserbad aufschlagen zur Rose abziehen. Gelatine und Schuss Grand Manier unterrühren. Auf Eis auskühlen lassen. Geschlagene Sahne unterheben. In Gläser abfüllen und mit Himbeeren servieren

Weitere besonders empfehlenswerte Flexitarier-Restaurants aus aktiv sein und schlemmen, Band 1 und Band 3

Oberbayern / Tirol

aktiv sein und schlemmen
Band 1 und 3

je 160 Seiten, 165 x 235 mm

Band 1: ISBN 978-3-9814605-2-0
Band 3: ISBN 978-3-9812991-7-5

je nur 19,90 EUR

aktiv sein und schlemmen *mit Tourentipps für das ganze Jahr* | Band 1:

Berggasthof Taubenberg, Warngau, Tel. 08020-1705, www.taubenberg.de

Bauernhofcafé Hennerer, Schliersee, Tel. 08026-9229964, www.hennerer.de

Berggasthof Hohe Asten, Flintsbach, Tel. 08034-2151, www.hoheasten.de

Schwarzrieshütte, Samerberg, Tel. 0455-18909910, www.schwarzrieshuette.at

Riesenhütte, Frasdorf, Tel. 08052-2921, www.riesenhuette.de

Forsthaus Kasten, Gauting, Tel. 089-8500360, www.forst-kasten.de

Maisinger Seehof, Tel. 08151-744242, www.maisingerseehof.de

Der Obere Wirt zum Queri, Andechs-Frieding, Tel. 08052-91830, www.queri.de

Gasthaus zum Bruckenfischer, Egling, Tel. 08178-3635, www.bruckenfischer.de

Die Schweizer Wirtin, Lenggries, Tel. 08042-8902, www.schweizer-wirt.de

Almgasthaus Café Aibl, Scharling, Tel. 08029-437, www.aibl.de

Gasthaus Kreuzmair, Holzolling, Tel. 08063-324, www.gasthaus-kreuzmair.de

Moarwirt, Hechenberg, Tel. 08027-1008, www.moarwirt.de

aktiv sein und schlemmen *mit Kulturspaziergängen* | Band 3:

Bräustüberl Schloss Seefeld, Tel. 08152-939120, www.braeustueberl-seefeld.de

Schankwirtschaft Wohlfart, Pfronten, Tel. 08363-928795, www.schankwirtschaft-wohlfart.de

Hotel Maximilian, Oberammergau, Tel. 08822-948740, www.maximilian-oberammergau.de

Restaurant Zum Blauen Reiter, Kochel am See, Tel. 08851-923833, www.zum-blauen-reiter.de

Restaurant Leeberghof, Tegernsee, Tel. 08022-188090, www.leeberghof.de

Landgasthof Alte Bergmühle, Fischbachau, Tel. 08028-732, www.bergmuehle.info

Landgasthof Aumanwirt, Bad Feilnbach, Tel. 08066-456, www.aumanwirt.de

Gasthof Pritzl, Weyarn, Tel. 08020-1349, www.gasthof-pritzl.de

Waldrestaurant Maxlmühle, Tel. 08020-1772, www.maxlmuehle.de

Gasthof Großer Wirt, Bruckmühl, Tel. 08062-1249, www.gasthof-grosser-wirt.de

---

Impressum

frischluft | edition
Verlag GbR
Raiffeisenstraße 2
D-83629 Neukirchen bei Weyarn

Telefon	+49/8020/9045-42
Telefax	+49/8020/9045-43
E-Mail	info@frischluftedition.de
Internet	www.frischluftedition.de

Autor	Michael Reimer
Grafikdesign	Katrin Susanne Baur
Druck/Repro	Lanadruck GmbH

Bildnachweis

Katrin Susanne Baur: S.9,26,83o,120

Michael Reimer: U1(3),U4(1),S.6,8,10/11,12,13,14(3),15,16, 18(2),19,21,22,23(2),27,28,29,30,31,32,33,34(3),35,37(4),38, 40,41,44/45,46,47,51,52(2),53o,54,55,57,58,59(2),61,63,64, 65,66,67,68,70,71,72,74,75,77,78,79,80,81,82(2),83u,86(2), 87,90,91(2),93,94,95,96,97o,98,103,104,105(2),106,107,108, 109u,110,112,113(2),114,115(2),117,121,122,123,124,125, 126,127(2),129,132,133(2),134,135,136,137(2)139,140(2), 141(2),143(2),144,145,147,149,150,151(2),153,154,155

Alter Wirt, Grünwald: S.48,49; Auers Schlosswirtschaft: S.85(3); Café Krönner: S.39(2); Dinzler Kaffeerösterei: S.24,25(2); Dorfwirt, Pertisau: S.97u; Landgasthof Einbachmühle: S.109o; Ess.Schmiede: U1(o),S.69(4); Gasthof Fischerstüberl: 62(2); Herrmannsdorfer Landwerkstätten: S.56; Landgasthof Beim Kargl: S.130; Kloster Bräustüberl, Benediktbeuern: S.116; Landhaus Café Restaurant & Hotel: S.42,43(2); Lindners Restaurants: S.88(2),89; Restaurant Lois: S.100,101(2); Gasthof Messerschmied: S.73; Gasthof Pfeiffenthaler: S.92(3); Raabe am See, Wörthsee: U2u,S.146; Fotograf Schmidt, Memmingen: S.119; Der Steinweidenhof: S.76(2); Vivi D'Angelo/textbau.com: S.53(2)

ISBN 978-3-9814605-3-7

3. Auflage: © 2013 frischluft | edition, Verlag GbR
Alle Rechte vorbehalten.

Gedruckt auf chlorfrei gebleichtem Papier

„Die tiefe Verbundenheit zur Natur, zu Mutter Erde,
soll Dir immer Hilfe und Geborgenheit geben.
Schauen, erkennen, erleben. Leben."

Sebastian Viellechner

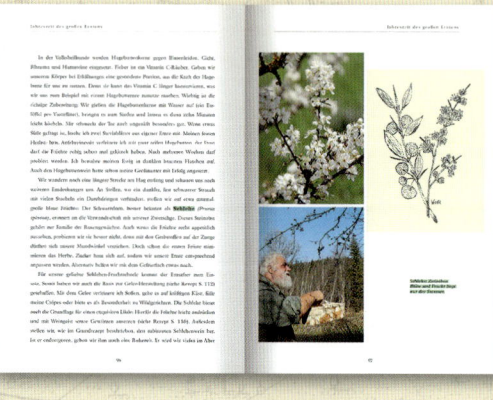

Der Autor ist
auch aus der Sendung
Gesundheit! im
Bayerischen Fernsehen
bekannt.

Kräuterwastls Weg

Gesundheit für Körper, Geist und Seele. Mit Ernährungstipps, Kräuterführungen im Jahreszyklus, ausgefallenen Rezepten und Herbarium.

Sebastian Viellechner ist seit seiner Kindheit tief mit der Natur verwurzelt, was der Begleiter seiner Kräuterwanderungen und der Zuhörer seiner Vorträge auf Anhieb spürt. In diesem Buch gibt der zertifizierte Kräuterpädagoge und Naturkenner sein umfassendes Wissen, seinen Weg preis. Dabei rückt er nicht nur im Jahreszyklus in die Natur aus, um Wildkräuter, Gemüse und Früchte zu sammeln, die er anschließend in seiner Kräuterwerkstatt zu Gelee, Essig, Tee, Sirup, Likör, Wein, Salben oder Tinkturen verarbeitet oder in Kräuterbuschen und Duftkissen verwandelt. Mindestens ebenso wichtig ist ihm die Vermittlung seiner Lebensphilosophie, in der die kulinarische Erlebniswelt eine zentrale Rolle spielt. Mit dem Bewusstsein der gesunden Ernährung und der Kenntnis der im Herbarium dargestellten essbaren Blüten und Pflanzen kann sich der Leser selbst an das Sammeln in freier Wildbahn machen und die zahlreichen guten Rezepte am eigenen Leib ausprobieren.

160 Seiten, 165 x 235 mm, ISBN 978-3-9814605-6-8

nur 19,95 EUR

Band 1

Band 2

Die schönsten Blüten-Wanderungen in Oberbayern Band 1 und 2

- **Blütenzauber von Frühjahr bis Herbst**
- **Vom einfachen Moosspaziergang bis zur alpinen Bergwanderung**
- **Mit vielen schönen Farbbildern**

Die aufwändig recherchierten Bücher führen Sie im Zyklus eines Blütenjahres zu den schönsten Blumen der oberbayerischen Voralpen- und Gebirgsflora, darunter zahlreiche prächtige Lilien-, Orchideen- und Enzian- arten. Durch zielgenaue Orts- und Zeitangabe sowie mit Hilfe der Karte kann der Leser – von Jahresschwan- kungen abgesehen – die bei jeder Tour vorgestellten Blüten, die aus Naturschutzgründen nur am Wegesrand liegen, mit einer hohen Wahrscheinlichkeit für sich entdecken. Der Schwerpunkt der jeweils 40 Routen liegt im Mangfallgebirge, Tölzer Land und Werdenfelser Land, mit Abstechern ins Allgäu, Chiemgau, Berchtes- gadener Land sowie nach Tirol. Obwohl bei sämtlichen Wanderungen die Blüte im Mittelpunkt steht, kommen auch landschaftliche Reize nicht zu kurz. Band 2 führt zusätzlich in das Tiroler Hochgebirge.

- Band 1: 160 Seiten, 165 x 235 mm, ISBN 978-3-9812991-5-1 (ab Frühjahr 2014 wieder lieferbar)
- Band 2: 160 Seiten, 165 x 235 mm, ISBN 978-3-9814605-4-4

je nur 19,90 EUR

www.frischluftedition.de

Index